CLARENDON FRENCH SERIES

General Editor: W. D. HOWARTH

RACINE

ATHALIE

RACINE
ATHALIE

EDITED WITH INTRODUCTION
AND NOTES BY

PETER FRANCE M.A., D.Phil.
Lecturer in French at the University of Sussex

OXFORD UNIVERSITY PRESS
1966

Oxford University Press, Ely House, London W.1

GLASGOW NEW YORK TORONTO MELBOURNE WELLINGTON
CAPE TOWN SALISBURY IBADAN NAIROBI LUSAKA ADDIS ABABA
BOMBAY CALCUTTA MADRAS KARACHI LAHORE DACCA
KUALA LUMPUR HONG KONG

PRINTED IN GREAT BRITAIN
BY BUTLER AND TANNER LTD
FROME AND LONDON

CONTENTS

A BRIEF CHRONOLOGY

1638   Birth of Louis XIV.

1639   Birth of Jean Racine at La Ferté-Milon. Shortly after his birth both parents die and he is brought up by his grandmother.

1649–59   Excellent education first at Jansenist schools at Port-Royal (1649–53), then at the Collège de Beauvais (1653–5), then again at Port-Royal (1655–8) and finally at the Collège d'Harcourt (1658–1659). Racine writes Latin poems and *Les Promenades de Port-Royal*.

1659   Treaty of the Pyrenees between France and Spain.

1660   Marriage of Louis XIV to Maria-Theresa of Spain. Racine composes *La Nymphe de la Seine* for the occasion.

1661   Death of Cardinal Mazarin. Beginning of personal government of Louis XIV.

1661–3   Racine goes to live at Uzès with his uncle, trying in vain to catch a benefice.

1661–9   Affair of the Formulary brings persecution to Port-Royal.

1663   Back in Paris, Racine writes official lyrics for court occasions.

1664   Performance by Molière's company of *La Thébaïde*. First version of Molière's *Tartuffe*.

1665   Performance of *Alexandre le Grand*, first at Molière's theatre and then at the Hôtel de Bourgogne, which Racine adopts, breaking with Molière. First edition of La Rochefoucauld's *Maximes*.

1666   *Lettre à l'auteur des Imaginaires*, in which Racine attacks Port-Royal and defends the theatre.

1667   Performance of *Andromaque*.

1667–8   War in Flanders.

1668   Performance of *Les Plaideurs*. La Fontaine: *Fables*.

1669   Performance of *Britannicus*.

1670   Performance of *Bérénice*. Port-Royal publishes Pascal's *Pensées*.

1672   Performance of *Bajazet*. Lully obtains monopoly of Paris opera. Lemaistre de Sacy begins publication of his translation of the Old Testament.

1672–8   War with Holland.

1673   Performance of *Mithridate*. Racine becomes a member of the Académie Française. Death of Molière.

1674   Performance of *Iphigénie*. Racine becomes Trésorier de France at Moulins. Boileau: *Art poétique*. Corneille's last play, *Suréna*.

1677   Performance of *Phèdre*. Racine marries Catherine de Romanet. He and Boileau are appointed official royal historians.

1678   Madame de Lafayette: *La Princesse de Clèves*. Treaty of Nimeguen.

1679   Persecution begins again at Port-Royal.

1679–82   The 'affaire des poisons', in the course of which Racine is accused of murdering a former mistress.

1681   Bossuet: *Discours sur l'histoire universelle*.

1682   Louis XIV settles permanently at Versailles.

1682–3   Racine and Boileau work as librettists for Lully.

1683   Secret marriage of Louis XIV and Madame de Maintenon.

1684   Racine becomes a member of the Petite Académie. *Précis historique des campagnes de Louis Quatorze* (by Racine and Boileau). Death of Corneille.

1685   Racine pronounces an academic discourse praising Corneille. *L'Idylle sur la Paix* with words by Racine and music by Lully is performed at Sceaux. Revocation of the Edict of Nantes.

1686   Inauguration of Saint-Cyr.

1688   Revolution in England.

1689   *Esther* performed at Saint-Cyr.

1689–97   War of the League of Augsburg.

1690   *Athalie* in rehearsal. Racine becomes Gentilhomme Ordinaire de la Chambre; this royal favour is the summit of his worldly success. Battle of the Boyne.

1691   Performance and publication of *Athalie*.

1692   *Relation du siège de Namur*.

1693–9   Composition of the *Abrégé de l'histoire de Port-Royal*.

1694   *Cantiques spirituels*, music by Moreau. Bossuet: *Réflexions sur la comédie*.

1696   Racine buys the office of Secrétaire du Roi.

1699   Death of Racine.

1715   Death of Louis XIV.

1716   First performance of *Athalie* at the Comédie Française.

INTRODUCTION

Car ses convictions philosophiques n'empêchaient pas ses admira-
tions artistiques; le penseur, chez lui, n'étouffait point l'homme
sensible; il savait établir des différences, faire la part de l'imagination
et celle du fanatisme. De cette tragédie, par exemple, il blâmait les
idées, mais il admirait le style; il maudissait la conception, mais il
applaudissait à tous les détails, et s'exaspérait contre les person-
nages, en s'enthousiasmant de leurs discours. Lorsqu'il lisait les
grands morceaux, il était transporté; mais, quand il songeait que les
calotins en tiraient avantage pour leur boutique, il était désolé, et,
dans cette confusion de sentiments où il s'embarrassait, il aurait
voulu tout à la fois pouvoir couronner Racine de ses deux mains et
discuter avec lui pendant un bon quart d'heure.

Flaubert: *Madame Bovary*

Athalie, the play which so confused Monsieur Homais, was first
performed in 1691, fourteen years after *Phèdre*, the last of the
series of tragedies for which Racine is mainly famous. None of
these earlier plays has a Christian or Jewish setting. By the middle
of the century religious tragedy, which was condemned by both
literary critics and churchmen, had almost disappeared from the
Paris stage[1] and Racine, like all his contemporaries, went above
all to classical antiquity for his subjects. Thus it is that in this
first series of plays Christian problems are nowhere explicitly
raised; Racine simply places before us men and women in diffi-
cult or impossible situations and shows us in five acts the working
out of their fate, paying particular attention to the subtle depiction of their changing emotions. In *Bérénice*, for instance, starting
from six words of Suetonius, *Titus reginam Berenicem dimisit
invitus invitam*, Racine fills his five acts with the hesitations,

[1] See K. Loukovitch, *L'Évolution de la tragédie religieuse classique en France*,
pp. 388–413.

struggles, advances and retreats of his three main characters. The whole play consists of dialogues and monologues which are dramatically exciting by reason of the constantly shifting emotions and attitudes of the protagonists.

Plays such as this have seemed to many critics to be morally neutral. Racine, it is said, aims simply to arouse and sustain our interest by the clash of personalities and passions. Dispensing not only with the moralizing chorus of Renaissance tragedy but also with the *sententiae* or maxims which had seemed to Corneille one of the chief ways in which the dramatist could convey a moral lesson,[1] Racine remains invisible behind his heroes, refusing to pass judgement on them or their actions. Giraudoux's well-known eulogy of Racine runs:

Ci-gît celui qui ne se posa jamais la question de Dieu, ni de la connaissance, ni des esprits animaux, celui pour qui n'existèrent ni les problèmes de la politique, ni ceux du blason, ni ceux de la morale; ci-gît Racine.[2]

On this view then Racine is a pure practitioner of the theatre and we should not look to him for any consistent view of life, let alone anything approaching the inculcation of Christian ideals.

Many Christians of Racine's day would have agreed with Giraudoux in his assessment of Racine's theatre, but what for him constitutes grounds for praise led them to condemn Racine and his fellow-dramatists. With its formal perfection and elegance of language the theatre was part of the great ceremony of worldliness (Racine's *Iphigénie*, for instance, was first performed in the grandiose setting of one of Louis XIV's Versailles festi-

[1] P. Corneille, *Œuvres complètes*, ed. Marty-Laveaux, I, pp. 18–20. There is a marked decline in Racine's use of *sententiae* after his first play, *La Thébaïde*; moreover the *sententiae* are always dramatically integrated and can never be taken as representing the author's viewpoint.

[2] J. Giraudoux, *Racine*, p. 20.

vities);[1] more than this, in its vivid depiction of reprehensible
passions such as pride and in particular sexual love it was a
powerful influence for evil. Thus Pierre Nicole wrote of plays
such as Racine's: 'Les comédies et les romans n'excitent pas
seulement les passions; elles enseignent aussi le langage des
passions' and of plays such as Corneille's:

> Plus ils colorent ces vices d'une image de grandeur et de générosité,
> plus ils les rendent dangereux et capables d'entrer dans les âmes les
> mieux nées, et l'imitation de ces passions ne nous plaît, que parce que
> le fond de notre corruption excite en même temps un mouvement tout
> semblable, qui nous transforme en quelque sorte, et nous fait entrer
> dans la passion qui nous est représentée.[2]

Even if the dramatist is indeed morally neutral, this does not
prevent him from being a positive danger.

Now Nicole was one of the leaders of the Jansenist movement, a strict Catholic group who held Augustinian views on
the essential corruptness of man without grace and who attacked
the Jesuits for their willingness to seek a compromise with
humanist values. It was the Jansenists of Port-Royal who were
largely responsible for Racine's education. Racine broke violently
with his former teachers at the beginning of his theatrical career,
attacking Nicole's views on the theatre in his malicious *Lettre à
l'auteur des Imaginaires*, but later in life he was reconciled with
Port-Royal, defended its cause and wrote its history. It would
be strange therefore if his plays bore no trace of his Christian
upbringing.

And in fact many critics, far from seeing in Racine's plays a
series of morally neutral presentations of human conflict, have
interpreted them consistently in the light of Racine's Jansenism.
In recent years this view has been put forward in a novel and

---

[1] For a description of this see J. Vanuxem, 'Racine, les machines et les fêtes',
Revue d'histoire littéraire de la France, 1954, pp. 295–319.

[2] *Essais de Morale*, Paris, 1781, III, pp. 231, 234. Note that *comédie* means any
play, not just a comedy.

vigorous way by Lucien Goldmann,[1] for whom Racine's tragedies express (not necessarily intentionally) the tragic world view
attributed to the Jansenists, unable either to accept the world,
whose values are worthless in the sight of God, or to find refuge
in God, who remains a hidden spectator. For Goldmann then
a play such as *Britannicus* is not merely a psychological and
political drama giving a dispassionate picture of the Roman
court, but implies the condemnation of this court (a symbol of
worldly life) and the jungle values which reign there. Some of
Racine's plays lend themselves to this sort of interpretation better
than others. *Bajazet* for instance is predominantly an exciting
drama and Goldmann does not consider it truly tragic, though it
too could be seen as a depiction of the fate of the damned.
Phèdre on the other hand is permeated with a sense of guilt and
a longing for an unattainable state of purity or reason. Although
the play is explicable in purely human terms, the gods, albeit
pagan gods, are constantly present and seem to provide more
than mere local colour. *Phèdre* is effective in purely dramatic
terms, but it is also a tragedy founded on the demands of a moral
and religious ideal. In his preface Racine explains (in terms which
scarcely do justice to the complexity of his play) his intention of
reconciling drama and religion:

La seule pensée du crime y est regardée avec autant d'horreur que le
crime même. Les faiblesses de l'amour y passent pour de vraies
faiblesses. Les passions n'y sont présentées aux yeux que pour montrer
tout le désordre dont elles sont cause; et le vice y est peint partout avec
des couleurs qui en font haïr la difformité. C'est là proprement le but
que tout homme qui travaille pour le public doit se proposer... Il serait
à souhaiter que nos ouvrages fussent aussi solides et aussi pleins
d'utiles instructions que ceux de ces poètes [the Greek tragic poets].
Ce serait peut-être un moyen de réconcilier la tragédie avec quantité

---

[1] See in particular *Le Dieu caché*. On Racine's Jansenism see also F. J. Tan-
querey, 'Le Jansénisme dans les tragédies de Racine', *Revue des cours et conférences*,
1936–7.

de personnes célèbres par leur piété et par leur doctrine, qui l'ont condamnée dans ces derniers temps, et qui en jugeraient sans doute plus favorablement, si les auteurs songeaient autant à instruire leurs spectateurs qu'à les divertir, et s'ils suivaient en cela la véritable intention de la tragédie.

This is clearly addressed to the Jansenists of Port-Royal, and points across the gap of fourteen years to *Athalie*.

*   *   *

Shortly after the production of *Phèdre* Racine, who was already an academician and a protégé of Louis XIV, became with the poet Boileau official historian to the King. At the same time, after having led a more or less disreputable life in theatrical circles, he married the devout, virtuous and rich Catherine de Romanet and began to lead the life of a respectable citizen—in particular he severed his connexions with the Paris stage. The reasons for what has been called Racine's 'retirement' are obscure;[1] to some it has seemed the natural step for a successful courtier who was fully employed in his official duties; others have attributed it rather to a *crise de conscience* and a return to the faith and practice of Port-Royal, which may be hinted at in the preface to *Phèdre*; personal disappointments and in particular the attempts of enemies to prevent the success of *Phèdre* on the stage may also have had something to do with it.

At all events, from 1677 Racine appears to have led the life of a good courtier, winning Louis's favour, writing his history, performing his academic duties conscientiously and fathering a succession of children. This did not entail total abstinence from theatrical activities; Racine was constantly ready to use his pen in the service of the King and there is evidence that Racine and Boileau were involved in the Versailles festivities. In particular they collaborated with the highly successful musician Lully,

[1] See R. Picard, *La Carrière de Jean Racine*, the most reliable work on Racine's life; pp. 289–313 deal with the 'retraite'.

writing libretti for one or two of his operas—opera, though disapproved of by the severer critics (Boileau among others), was the popular worldly genre of the day.[1] Like a good courtier Racine was adaptable; when the royal mistress Madame de Montespan fell from grace and was replaced by the pious Madame de Maintenon, who transformed the court from a place of *divertissement* to a place of devotion, Racine was successful in transferring his allegiance to the new favourite, soon to become Louis's secret wife. It is to this that we owe *Esther* and *Athalie*.

Chief among the good works of Madame de Maintenon was the foundation in 1686 of the boarding school of Saint-Cyr,[2] an establishment near Versailles where daughters of impoverished gentlemen were to be given a free education up to the age of twenty. This education, though pious, was not monastic; it included training in deportment, speech and song. It was thought that the performance of plays was helpful in developing these faculties—the theatre was used in this way in Jesuit schools, where the pupils regularly performed plays written by the masters, usually Latin plays, sometimes with interludes of song and dance.[3] *Esther* and *Athalie* originally belonged to this category.

At first the Mother Superior, Madame Brinon, had written

[1] See J. Orcibal, 'Racine et Boileau librettistes', *Revue d'histoire littéraire de la France*, 1949, pp. 246–55.

[2] On Saint-Cyr see T. Lavallée, *Madame de Maintenon et la maison royale de Saint-Cyr*, 2nd ed., Paris, 1862. The most important sources for the circumstances of production of *Esther* and *Athalie* are the *Mémoires* of Manseau, *intendant* of Saint-Cyr (published in 1902), the *Mémoires des Dames de Saint-Cyr*, published by Lavallée, and the *Souvenirs* of Madame de Caylus, who acted in Racine's plays. Her version, less reliable than Manseau's, is reproduced by Louis Racine in his *Mémoires sur la vie et les œuvres de Jean Racine* and is the source of most subsequent accounts. The best recent account is that of R. Picard (*Carrière*, pp. 393–433).

[3] See R. H. Lowe, 'Les Représentations en musique au collège Louis-le-Grand de Paris, 1650–1688', *Revue de l'histoire du théâtre*, 1957, and 'Les Représentations en musique au collège Louis-le-Grand de Paris, 1689–1762', *Revue de l'histoire du théâtre*, 1959.

the plays herself, but her mediocre productions shocked Madame de Maintenon's literary taste. She suggested instead that the girls should perform well-established classics of the day, including Tristan's *Mariane* and Corneille's *Polyeucte*. According to Madame de Caylus they even played Racine's *Andromaque*, which was so far from edifying that Madame de Maintenon wrote to Racine: 'Nos petites filles viennent de jouer *Andromaque*, et l'ont si bien jouée qu'elles ne la joueront plus, ni aucune de vos pièces.'[1] The result was that she asked Racine to write something more suitable for young ladies; Racine accepted and composed *Esther*, a biblical play in three acts with music by Moreau and costumes and sets by Bérain, 'décorateur des spectacles de la cour'.

Esther was first performed in public at Saint-Cyr on 26 January 1689. Reconciling as it did the magnificent operatic spectacle which Louis loved and the demands of piety, the play was a huge success. The King attended in person frequently and made it a great honour for courtiers to be invited; the simple play for schoolgirls was transformed into a courtly ritual which demonstrated to the world the influence of Madame de Maintenon. Not surprisingly therefore Racine was soon asked to write another play. He seems to have hesitated in his choice of subjects, but eventually decided on the story of Athaliah, which is told in 2 Kings xi and 2 Chronicles xxii–xxiii.

This was an almost virgin subject for a play. It had been used twice (in 1658 and 1683) for school plays, one in Latin and the other in French;[2] it is unlikely that Racine knew these plays, but he may have known of their existence through synopses, which may indeed have influenced him in the additions he made to the

[1] See Louis Racine, *Mémoires* in J. Racine, *Œuvres complètes*, ed. Picard, I, p. 88.

[2] On these school plays see R. Lebègue, '*Athalie* et *Athalia*', *Revue de l'histoire du théâtre*, 1948–9, and V. L. Saulnier, 'Racine et la tragédie scolaire. Une *Athalie* française de 1683', *Revue d'histoire littéraire de la France*, 1949. The more important of Racine's additions to the biblical story are discussed later in the Introduction. 2 Chronicles xxii–xxiii is reproduced in Appendix A.

biblical story. Racine prepared himself assiduously,[1] studying not
only the Bible, which had recently been translated with copious
commentaries by the scholars of Port-Royal, but also the
Synopsis Criticorum of Matthew Poole, the works of the English
theologian Lightfoot and the histories of Sulpicius Severus,
Flavius Josephus and Bossuet (*Discours sur l'histoire universelle*).

Moreau was again in charge of the music, and the choruses
were being rehearsed in March 1690. The complete text was not
yet ready however and performance was put off until the following winter. As with *Esther*, Racine acted as producer, giving the
girls instructions in acting and verse-speaking just as he had
previously trained La Champmeslé, his actress-mistress. In
November he read the play to an invited audience and everything
seemed to point to a repetition of the success of *Esther* when for
some reason the brake was suddenly applied. Some critics suggest
that this was due to the current political situation and the turn
of events in England (see below, pp. 20–22), but it seems more
likely that the main cause was the hostility of many churchmen
to the theatre (see below, pp. 28–30). Moreau was paid off and
Athalie was eventually performed (or rehearsed, as contemporary
memoirs put it) in the barest possible settings at Saint-Cyr on
5 January 1691. The King was not displeased however; in
December 1690 Racine received the extraordinary favour of
being made Gentilhomme Ordinaire de la Chambre and Louis
attended the 'rehearsals' at Saint-Cyr more than once, bringing
with him on one occasion the exile James II of England and his
queen.

Athalie was only performed a few times. In March it was
published in a handsome edition with a *privilège du roi* which
stated flatteringly that the play had been written by order of the
King. It was sufficiently successful for a second edition to be

[1] Traces of this preparation can be seen in the preface and in the *Remarques sur
Athalie* (see Appendix B).

published the following year. The *privilège* prohibited the performance of *Athalie* on the public stage, but in subsequent years the girls of Saint-Cyr occasionally went to Versailles and recited it for the King in Madame de Maintenon's apartment. It was not until 1702 that the play was performed at court with the full splendour of music, costumes and sets and with princes, princesses and courtiers playing the leading parts. Finally, in 1716, the year after Louis's death, *Athalie* was put on at the Comédie Française without the choruses and achieved a run of fourteen performances, which was respectable for the time.

In the eighteenth century the play became well known and was much admired for its technique, although such rationalist critics as Voltaire and D'Alembert criticized its 'fanaticism' in terms not unlike those of Monsieur Homais.[1] The passages containing advice to kings, particularly ll. 1387–1402, were very successful at the time of the Revolution, provoking 'une explosion générale de battements de mains dans toute la salle',[2] but it was not until the time of the Romantic movement that *Athalie* really came into its own and was extravagantly praised. Lamartine thought it 'supérieure à tous les drames antiques et modernes', Hugo described it as a 'magnifique épopée', Balzac thought highly of it and Sainte-Beuve, after criticizing it for its lack of local colour, came round to admire it above all other plays: 'Athalie, comme art, égale tout'; '*Athalie* est belle comme l'*Œdipe Roi*, avec le vrai Dieu en plus'.[3] Since then, critics have been less kind to it and *Athalie* has been less often proclaimed as Racine's masterpiece, although it has come in for its share of what Antoine Adam calls 'une certaine critique avant tout soucieuse

[1] Writing to Cideville on 20 May 1761, Voltaire says: 'nous conviendrons qu'*Athalie*, qui est le chef-d'œuvre de la belle poésie, n'en est pas moins le chef-d'œuvre du fanatisme'.

[2] See G. Mongrédien, *Athalie de Racine*, pp. 95–98.

[3] *Port-Royal*, Book VI. See Mongrédien, op. cit., pp. 157–69, and A. A. Eustis, *Racine devant la critique française, 1839–1939*.

de prouver son conformisme'.[1] On the whole the twentieth century has paid more attention to Racine's secular plays, particularly *Phèdre*. Similarly *Athalie*, though played from time to
time at the Comédie Française, has been less often performed
than many of Racine's earlier plays.

*   *   *

Before going on to discuss *Athalie*, it is perhaps worth
insisting on the importance of a grasp of the historical and
dynastic background for an understanding of the play. Racine's
material is all to be found in the books of Kings and Chronicles;
he himself summarizes the most important events in his preface,
which should be read with care. A family tree may be useful
here (French names are given in square brackets where they
differ from the English).

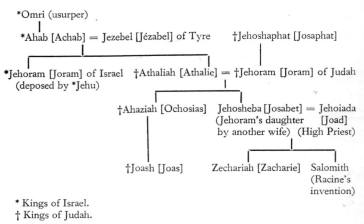

* Kings of Israel.
† Kings of Judah.

*   *   *

The reader of *Athalie* is faced with several possible ways of
looking at the play. One which has exercised many critics in

[1] *Histoire de la littérature française au XVIIe siècle*, V, p. 55. Adam's cold
shower is a useful antidote to the effusions of critics like Mongrédien.

recent years has been to read it as a topical allegory, in which contemporary events and people are hidden behind a thin biblical disguise. There is no doubt, as René Jasinski, Jean Orcibal and Georges Couton[1] (to name some of the most important) have shown, that there was a widespread taste for such allegory in the seventeenth century and in particular that Racine's contemporaries saw many topical allusions in plays which may seem to us to be striving for universality. The first spectators and readers of *Esther* for instance had no doubt about its topicality ('tout le monde crut que cette comédie était allégorique' says Madame de Lafayette)[2] and saw in the figure of Esther a flattering portrait of Madame de Maintenon. So much was doubtless intended by Racine and goes with the undisguised exaltation of Louis XIV in the prologue, but Protestant attempts to read into the play a condemnation of the Revocation of the Edict of Nantes have nothing in common with Racine's intentions—as the Protestants themselves admit.[3]

As far as *Athalie* is concerned, contemporary evidence is less helpful. The Jansenist Quesnel speaks tantalizingly of 'des portraits où l'on n'a pas besoin de dire à qui ils ressemblent'. Another contemporary says that he has heard that it contains 'des portraits des bons et des méchants ecclésiastiques'. Finally one of the audience at Racine's reading of the play in November 1690 admires Racine's courage.[4] These hints suggest that we should seek in *Athalie* a defence of Port-Royal against its enemies, who were strong at court at this time, for we know that after his reconciliation with his former masters Racine stood by them and

[1] R. Jasinski, *Vers le vrai Racine*; J. Orcibal, *La Genèse d'Esther et d'Athalie*; G. Couton, *Corneille et la Fronde*. The last of these, like Couton's other works on Corneille, is a convincing example of this approach; the work of Jasinski on the other hand leans heavily on imagination and has been severely criticized.

[2] Picard, *Corpus Racinianum*, p. 201. See also pp. 195–6 and 202 for two of these allegorical interpretations.

[3] See Picard, op. cit., p. 202.

[4] ibid., pp. 208, 215, 220.

helped their cause in a variety of ways. On this reading then the
chosen few ('d'adorateurs zélés à peine un petit nombre' [l. 15])
who guard the temple against the forces of ungodliness represent
the exclusive Jansenists of Port-Royal, among whom the orphan
Racine, like the infant Joas, had found refuge and been brought
up. Their champion, Antoine Arnauld, the indefatigable defender of the right, is reflected in the intrepid Joad, while Abner
and Mathan are respectively the half-hearted but sincere sym-
pathizer and the traitor to the cause. Mathan in particular shows
some of the characteristics of the typical Jesuit caricatured in
Pascal's Jansenist *Lettres provinciales*. All this sounds convincing
enough, although Arnauld, commenting on *Athalie*,[1] never so
much as hints that it may refer to Port-Royal. To defend Jansenism in front of Louis XIV was a risky business and it is by no
means clear how far Racine consciously intended such a defence,
but it is hard to doubt that when he wrote for instance:

> O bienheureux mille fois
> L'enfant que le Seigneur aime,
> Qui de bonne heure entend sa voix,
> Et que ce Dieu daigne instruire lui-même... (ll. 768–71)

he was thinking not only of Saint-Cyr, but also of his own
education at Port-Royal des Champs.[2]

This is only one of the possible 'keys' to *Athalie*. A less
obvious one has been put forward with great erudition by Jean
Orcibal in his *Genèse d'Esther et d'Athalie*. Expanding on sug-
gestions made by G. Charlier in a controversial article,[3] Orcibal
argues that *Athalie* is a comment on the contemporary English
political situation. After the 1688 revolution James II had taken

---

[1] See Picard, op. cit., p. 217.

[2] For the 'Jansenist' interpretation see in particular Orcibal, *Genèse*, pp. 48–51,
Picard, *Carrière*, pp. 429–30, Adam, *Histoire*, V, pp. 53–54.

[3] G. Charlier, '*Athalie* et la révolution d'Angleterre', *Mercure de France*, 1 July
1931.

refuge at the French court and the French had so far adopted his cause as to send to Ireland an army, which was defeated at the Battle of the Boyne in July 1690. Orcibal shows that the story of Athaliah was currently used by theologians to justify regicide and rebellion;[1] indeed this episode from Jewish history was the subject of considerable controversy between 1689 and 1691, since as Orcibal says, 'il n'y a, en effet, guère d'autre cas où la Bible approuve la rébellion des partisans de l'héritier légitime contre le pouvoir solidement établi d'un usurpateur'.[2] This then would explain Racine's unexpected choice of subject. In this context *Athalie* can be read as a piece of propaganda favouring insurrection and regicide in England and encouraging French intervention[3] on behalf of the 'rightful' Stuart line, the defenders of the true religion. Athalie would then be a transposition of the foreign usurper William of Orange; the long description of Athalie's efficient statecraft (ll. 465–84), which is entirely of Racine's own invention, would echo the grudging admiration of the French for the tolerant, machiavellian and ungodly Dutchman, and Athalie's Tyrian troops (another invention of Racine's) would stand for William's Dutch soldiers. Joas is the young Prince of Wales, known in England as the warming-pan baby, whose birth was as miraculous as the survival of Joas. Joad is Sancroft, the stout-hearted Archbishop of Canterbury, a centre of resistance to William of Orange.

Particularly interesting are Abner and Mathan. Abner does not figure at all in Racine's biblical source, though he may have got the idea for this figure from one of the earlier school plays on the same theme. According to Orcibal, he was invented to represent the typical English waverer, whose political sense forbade him to resist William when there seemed to be no reason-

[1] op. cit., Appendix B.

[2] ibid., p. 55.

[3] Here the key does not fit very well, as we should be obliged to see Louis XIV in the dubious figure of Jehu (ll. 1183–92); in any case Joad manages quite well without the help of foreign intervention.

able alternative, but who might be swayed by a successful Stuart rising. Mathan does appear in 2 Kings xi, but simply as the priest of Baal; Racine however builds him into an apostate[1] and a powerful figure of evil, identifiable as Burnet, William's Protestant adviser, who had been well received in France before 1688, but had since become an object of execration for Catholics such as Bossuet and Arnauld.

Finally Orcibal claims that the check put on preparations for the production of *Athalie* was due not only to clerical hostility to school theatricals, but to the political situation. If *Athalie* refers to England it is a discreet plea against the policy of the war minister Louvois, who opposed intervention in England. But in November 1690 Louvois's chief enemy, Seignelay, died unexpectedly; it therefore seemed more prudent to keep *Athalie* as quiet as possible.

These political arguments have been convincingly refuted by Picard in his *Carrière de Jean Racine*, where he also points out that there is no contemporary evidence that anyone took *Athalie* to be connected with England. All one can do then is to admit that Racine may perhaps have been thinking about the English situation when he wrote *Athalie*. As Picard says,

Athalie, de même qu'*Esther*, de même que la plupart des œuvres littéraires, est un miroir à facettes multiples où les contemporains ont pu saisir toute une série d'images et de reflets. Racine a expressément évoqué le duc de Bourgogne à propos de Joas.[2] Mais un lettré ne devait-il pas songer à l'Ion de Platon?[3] Et la situation de Joas recueilli dans le Temple ne rappelait-elle pas celle de l'orphelin Racine à Port-Royal? Et la destinée du fils de Jacques II ne ressemblerait-elle pas à celle de Joas si les espoirs des jacobites se réalisaient? Toutes ces associations d'idées sont permises, de même qu'une infinité d'autres.[4]

---

[1] The theme of apostasy clearly interested Racine. See his notes on the subject in his *Remarques sur Athalie* (Appendix B).

[2] See Preface, l. 92.

[3] See note to Act II, scene 7. Picard means of course Euripides, not Plato.

[4] Picard, *Carrière*, pp. 428-9.

One may add that the hunt for 'keys' can be a ti
and pointless business and that when the critic (as
historian) has taken note of the topicality of t
untopical plays, he should go no further, as
essentially with the evaluation of the play as it s...

*   *   *

It is possible to look on *Athalie* as primarily a pious play for
school performance, 'une très belle tragédie de collège',[1] as
D'Alembert contemptuously describes it. While in general it
may seem strange that this barbarous story[2] should have been
chosen for Saint-Cyr (or for the other two schools which had
put on Athaliah plays), certain passages show clearly the edifying
quality which is much in evidence in *Esther*. The earlier play,
sticking closely to biblical sources, is a simple tale of the triumph
of good over evil with a pure heroine and a traditional villain.
There is never any doubt in the audience's mind as to the point
of the demonstration; Racine calls it in his prologue

> . . . d'Esther l'histoire glorieuse,
> Et sur l'impiété la foi victorieuse.

In a letter to Madame de Maintenon, Racine puts *Athalie* in
the same class as *Esther*, saying, 'J'ai fait par votre ordre près de
trois mille vers de piété.'[3] Viewed in this light, *Athalie* is another
story of good conquering evil; such scenes as the confession of
Mathan (ll. 919–62) and the interrogation of Joas (Act II, scene
7) bring us back to the world of the Sunday-school story. In
line with this is the use of *sententiae* or moral maxims, which had
been virtually absent from Racine's non-religious plays. There
is a straightforward didacticism for instance in ll. 646–50,

---

[1] Quoted by Mongrédien, *Athalie de Racine*, p. 139.
[2] 'Le brutal Racine trouve son bien dans la brutalité biblique' (Thierry Maulnier,
Racine, p. 299).
[3] Racine, *Œuvres complètes*, ed. Picard, II, p. 591.

.65–8, 1278–82, 1387–1408, all passages connected with the child Joas, whose presence on stage, while out of line with normal stage practice in the seventeenth century, was clearly suitable for Saint-Cyr.[1]

But although *Athalie* is without doubt a pious play, it would be wrong to see it merely as a second *Esther*. Simply considered as an edifying work (and this is far from being the only possibility), *Athalie* differs essentially from *Esther* in being inserted into history. It is not like *Esther*, a moral exemplar which could as well be a fable as reality and whose setting is relatively unimportant, but the presentation of a vital event in the history of mankind in a real place at a determined time. The restoration of Joas, which might in itself seem an insignificant event from Jewish history, is presented as a prefiguration in history of the redemption of mankind through the coming of Christ. The play is set on the day of Pentecost, the feast of rebirth and renewal, and there are frequent metaphorical references to vegetation and fertility, the coming back to life of what seemed dead (e.g. ll. 139–40, 1490–7).[2] The emergence of Joas at the end of the play after all hope had seemed lost for the loyal Jews announces the similarly triumphant resurrection of Christ. But Joas is more than a symbol of Christ, he is an essential link in the chain which leads from David to Christ and on which the salvation of mankind depends.[3] We are constantly reminded that Joas is 'des tristes Juifs l'espérance dernière' (l. 1651) and the 'trésor' of David (e.g. l. 1727). David himself is mentioned by

[1] A highly sophisticated version of this view of *Athalie* is provided by Martin Turnell in his interesting article '*Athalie* and the Dictators', *Scrutiny*, 1940. He sees the play in terms of a struggle between the forces of disorder (which may be concealed by the apparent order of political stability) and the ultimately victorious forces of order. Athalie is then seen as a Hitler or a Mussolini—note the date of the article.

[2] See J. C. Lapp, 'Racine's Symbolism', *Yale French Studies*, 1952, pp. 40–45.

[3] Jules Lemaître, among others, has insisted on this: 'Songez un peu que Joas est l'aïeul du Christ, et que la restauration de Joas est, en quelque sorte, une condition matérielle du salut du monde' (*Jean Racine*, p. 287).

G-ds protection + care of subject

name thirty-eight times in *Athalie.* Outside the walls of the temple and before and after the twenty-four hours (or less) of the action we are made aware of the great span of history, with all of which the action of *Athalie* is meaningfully connected, for the emphasis is throughout on the working of God's providence in history—as indeed it is in *Esther*, but on a smaller scale. *Here*

This was a much debated issue at the time.[1] Spinoza in particular had exposed in his *Tractatus Theologico-politicus* many of the weaknesses of arguments which tried to establish the doctrine of providence by reference to the Bible. The stoutest defender of providence in France was probably Bossuet, Bishop of Meaux, who in 1681 had attempted in his *Discours sur l'histoire universelle* to give a total picture of history in which the hand of God would everywhere be seen guiding and directing human actions.[2] He says in his conclusion:

C'est ainsi que Dieu règne sur tous les peuples. Ne parlons plus de hasard ni de fortune, ou parlons-en seulement comme d'un nom dont nous couvrons notre ignorance. Ce qui est hasard à l'égard de nos conseils incertains est un dessein concerté dans un conseil plus haut, c'est-à-dire dans ce conseil éternel qui renferme toutes les causes et tous les effets dans un même ordre.

Racine had read Bossuet (see his *Remarques*, Appendix B below) and in *Athalie* he illustrates the thesis of the *Discours*. We hear the doubts of the waverers, who feel that God has forgotten his promises and deserted his chosen people (e.g. ll. 129–36, 1431–3), the taunts of the ungodly (e.g. ll. 732–5, 816–19) and the steadfastness of the high-priest who never ceases to assert God's faithfulness to his covenant (e.g. ll. 104–28, 1159–74, 1434–44) and to contribute personally to the accomplishment of

[1] See Orcibal, op. cit., pp. 95–99.

[2] A similar line is followed by the scholars of Port-Royal in commentaries on their translation of the Bible.

the promises. More than Joad's words, the whole action of the play can be seen as the affirmation of God's loyalty to his people; the restoration of Joas in what had seemed a hopeless situation is a miracle to set alongside the miracles adduced by Joad in ll. 104–28. The miracle is made to seem the greater by the insistence on the apparent weakness of the forces defending Joas (e.g. ll. 1119–20); this apparent weakness is set against the real strength of the temple,[1] which is founded on the rock of God's promises. Joad harangues his troops:

N'êtes-vous pas ici sur la montagne sainte... (l. 1438)

And so the temple, the stronghold of the chosen people and a symbol of the security of the elect, is more than a convenient setting for *Athalie*, just as the ungodly palace of Néron is full of significance for *Britannicus*. The splendid palaces of many of Racine's earlier plays are prisons where the damned cut one another's throats; God is tragically absent from them. The same might be said of Athalie's palace, which she temptingly contrasts with the temple (ll. 676–98), but whereas in the earlier plays the palace had been menacingly present as the only reality of the characters, here it is only a distant and passing threat (see ll. 1384–1402) and it is the temple which dominates the action. In this temple God is triumphantly present and active.

The central place of God in *Athalie* (as in *Esther*) has often been pointed out by critics. The best-known version is probably that of Sainte-Beuve: 'Le grand personnage ou plutôt l'unique d'*Athalie* depuis le premier vers jusqu'au dernier, c'est Dieu.'[2] And indeed nothing could be clearer than that Racine intends us to see God's hand in all that happens in *Athalie*. If we try (as we may) to interpret the play in human terms (see below, pp. 32–36), all the characters are there to persuade us that we are wrong. We

---

[1] It is mentioned fifty-three times. On this subject see J. D. Hubert, *Essai d'exégèse racinienne*, pp. 242–4.

[2] *Port-Royal*, 4th ed., VI, p. 146.

should naturally expect Joad to attribute his success to his god, but even Athalie, the follower of Baal, agrees with Joad's view of the actions. His words

> Et Dieu de toutes parts a su t'envelopper.
> Ce Dieu que tu bravais en nos mains t'a livrée (ll. 1734–5)

are echoed by her conclusion:

> Impitoyable Dieu, toi seul as tout conduit (l. 1774).

All Athalie's actions are the result of God's intervention and God is behind all that Joad and his followers do. Mathan himself, the priest of Baal, is uncomfortably aware of the reality of the god he has deserted (ll. 955–62).

But the strongest suggestion that God is at work in *Athalie* is to be found not so much in these repeated allusions to his presence and influence as in the dream of Athalie. This dream, invented entirely by Racine, is the factor which most clearly shows the interference of supernatural forces in an action which despite the characters' words might otherwise be interpreted without reference to the supernatural. Giving Athalie a vision of a child she has not yet met, the dream is a determining factor in the development of the plot, destroying the queen's confidence and impelling her to enter the temple, where her recognition of the child will lead inexorably to her downfall. There can be no doubt that Racine meant his audience to see the hand of Jehovah more clearly here than it is seen in 2 Kings xi.

All in all then, *Athalie* as we have so far considered it is a hymn of praise to the one true God, who overshadows all the purely human characters in the play. Because all that happens is his work, we accept Joad's trickery, we forget the future degeneration of Joas and we are glad of the bloodshed which is necessary to purify Judah and restore the true line. All that may be painful or tragic is transcended in a ceremony which if we believed in Racine's god could be for us 'ce que fut pour les

Athéniens l'*Orestie* ou l'*Oedipe à Colonne*: le drame national et religieux par excellence'.[1]

*   *   *

Before going on to think what is to be done with *Athalie* if we do not accept this way of looking at things, we should perhaps consider the difficulties in the way of writing religious drama of this sort in the seventeenth century. We have seen earlier that many churchmen, including the Jansenists, were hostile to the theatre. Nor were they in general any more kindly disposed to religious plays than to secular ones, arguing that sacred subjects can only be debased in the worldly setting of the theatre. Moreover even writers who defended the theatre against pious attacks were hostile to sacred drama. Thus D'Aubignac, speaking both as a churchman and as a theatre critic, feels that religious subjects are unsuitable for the theatre because, if they are not to be adulterated to suit public taste, they will seem boring or ridiculous to the average spectator and will thus bring religion into disrepute.[2] Similarly Boileau, welcoming the decline of the religious theatre, writes:

> On chassa ces docteurs prêchant sans mission;
> On vit renaître Hector, Andromaque, Ilion.[3]

D'Aubignac makes one exception however: 'les discours de religion ne peuvent être supportables que dans les représentations des collèges'. Religious drama disappeared from the public stage, but it was kept alive in the Jesuit colleges.[4] It is in this sort of context that Racine in his turn sets about reconciling the theatre and religion. In writing *Esther*, he quite clearly intends to

---

[1] J. Lemaître, *Impressions de théâtre*, IVe série, p. 63.

[2] *La Pratique du théâtre* (1657), ed. Martino, pp. 326–40.

[3] *Art poétique*, III. Boileau and others were also hostile to religious epic; see R. A. Sayce, *The French Biblical Epic*, pp. 12–18.

[4] And in the backward provinces; see Loukovitch, *Évolution*, pp. 388–413.

break with his profane past, making disparaging references in the prologue to the sort of play which had made him famous:

> Et vous, qui vous plaisez aux folles passions
> Qu'allument dans vos cœurs les vaines fictions,
> Profanes amateurs de spectacles frivoles,
> Dont l'oreille s'ennuie au son de mes paroles,
> Fuyez de mes plaisirs la sainte austérité.
> Tout respire ici Dieu, la paix, la vérité.

But it is not quite so simple as this would suggest; *Esther* with its music, its costumes, its *décor* and its beautiful language is to a certain extent in the line of the opera and the court *divertissement* which Louis so loved—and so too would *Athalie* have been if the production had gone ahead as planned. Significantly the costumes for *Esther* had previously been used for court ballets.[1] The two plays are certainly pious but Racine's task was to show that piety too can be entertaining and can provide a basis for court cere-monial. A contemporary said: 'je vois . . . que, pour rétablir les divertissements de la Cour, on prendra le parti de faire des pièces de théâtre pieuses'.[2] Not surprisingly then, in spite of Racine's efforts to conciliate them, many critics were not to be disarmed by this 'nouvelle manière de faire des comédies in-nocentes', as one of their leaders later put it. They pointed out, and Madame de Maintenon had to agree, that the performance of Racine's plays encouraged a sinful vanity in the girls of Saint-Cyr and exposed the audience to the temptations which come from watching 'une tragédie représentée par des jeunes filles fort bien faites et qu'on ne peut, pour lors, se défendre de regarder pendant des heures entières'.[3] The theatre was still the theatre, even at Saint-Cyr, and religious subjects could only lose from being

---

[1] See Picard, *Carrière*, p. 404.

[2] See Picard, *Corpus*, p. 190.

[3] *Mémoires du Curé de Versailles, François Hébert*, quoted by Picard, *Corpus*, p. 364.

adulterated to please the depraved tastes of a court. These criticisms prevailed and *Athalie*, as we have seen, was produced in austere circumstances.

One can see the point of some of these objections when one looks at the other religious plays which were written for Saint-Cyr as a consequence of Racine's success. In such plays as the *Jephté* (1692) and the *Judith* (1695) of the Abbé Claude Boyer we see biblical subjects being watered down with modern refinements to win over the worldly seventeenth-century Parisian audience. As far as *Athalie* is concerned, it is perhaps possible to agree that the pomp of the theatre detracts from the purity of the religious message (the same puritanical objection might be raised against many of Bossuet's sermons). It might also be claimed that where the Bible simply gives the story in its bare outlines, the theatre by its nature must give us some insight into the characters' minds, so that we are distracted from God by too great an interest in emotions and passions which have nothing particularly edifying about them. In a sermon we are unlikely to begin sympathizing with the enemies of God; in a play this is all too possible—or so the preacher might say.

*   *   *

Many readers object to *Athalie* for exactly the opposite reason. It is the objection which has been constantly made, particularly in the eighteenth century, and which is caricatured by Flaubert in Monsieur Homais's reaction to the play. *Athalie* is technically a masterpiece; it works wonders with an unpromising subject (a priest, a boy, an old queen and no love interest). Its dramatic construction and its mastery of the alexandrine are the crowning glory of the Classical theatre, but for all this with its fanaticism, its apparent approval of trickery and cruelty, it must shock any rational and humane reader. Disapproval, while extending as far as the overall conception of the work, the sentiments of the Chorus etc., has tended to centre round the character of Joad, his attitude to bloodshed and above all the verbal trick with which he entices Athalie into the temple. This disapproval is perhaps best seen in Voltaire:

Je ferais ici l'éloge de cette pièce, le chef-d'œuvre de l'esprit humain, si tous les gens de goût de l'Europe ne s'accordaient pas à lui donner la préférence sur presque toutes les autres pièces. On peut condamner le caractère et l'action du grand-prêtre Joad; sa conspiration, son fanatisme peuvent être d'un très mauvais exemple; aucun souverain, depuis le Japon jusqu'à Naples, ne voudrait d'un tel pontife; il est factieux, insolent, enthousiaste, inflexible, sanguinaire; il trompe indignement sa reine, il fait égorger par des prêtres cette femme âgée de quatre-vingts ans....[1]

A recent critic echoes Voltaire's feelings:

Si la première vertu d'un chef-d'œuvre est d'atteindre en nous les sources de l'émotion la plus humaine, comment reconnaître sans réserve ce caractère à une tragédie où les volontés d'un Dieu cruel inspirent le mensonge et le crime?[2]

These are powerful objections for any reader who does not share Racine's religious beliefs. Can they be answered? Is it possible to transcend the clearly unsatisfactory split reaction of Homais?

One possibility is suggested by Voltaire in the same article of the *Dictionnaire philosophique*: 'Le spectateur suppose avec Racine que Joad est en droit de faire tout ce qu'il fait; et, ce principe une fois posé, on convient que la pièce est ce que nous avons de plus parfaitement conduit, de plus simple et de plus sublime.' That is to say that, discarding any moral or intellectual

---

[1] *Dictionnaire philosophique*, 'Art Dramatique'. Voltaire's estimate of Athalie's age, based on biblical chronology, should not be taken over-seriously; fifty is more like Racine's intention.

It is worth noting that the subterfuge with which Joad lures Athalie into his trap is not suggested by Racine's sources (see Appendix A). For reasons of dramatic *vraisemblance* (to give Athalie a good reason for going into the temple) Racine is willing to blacken the character of his hero, feeling no doubt that the end justifies the means.

[2] A. Adam, *Histoire de la littérature française au XVIIe siècle*, V, p. 55.

reservations, we enter into the world of Racine and Bossuet, for whom the divinely-willed end justifies the means, and for whom the biblical parallels adduced by Racine in his *Remarques* are enough to excuse Joad's actions.[1] We may then temporarily accept that this barbarous story is really a key moment in the destiny of humanity and feel towards it as Lemaître says the Athenians felt towards the *Orœsteia*. In the same way in a traditionally Christian society it may be possible for the non-Christian if he so desires, to look at a Christian cathedral with the eyes of faith, experiencing in some cases a momentary conversion through art of the kind suggested by Sainte-Beuve: 'Quand le christianisme, par impossible, passerait, *Athalie* resterait belle de la même beauté, parce qu'elle le porte en soi, parce qu'elle suppose tout son ordre religieux et le crée nécessairement.'[2] This is a doubtful proposition. Such an imaginative reliving of the feelings of a Bossuet must be limited to those who because of their Christian upbringing or surroundings are at heart already half-Christian; others, if they can suspend their Voltairian indignation, must probably be content with a sympathetic but essentially antiquarian interest in the system of belief which is at the heart of *Athalie*, looking at it, as D'Alembert suggests, much as they would if Joad was a priest of Jupiter or Isis.[3]

*   *   *

Another more desperate solution is possible. This is to disregard the serious religious content of *Athalie* and to see it as a straightforward presentation of an action which is neither good nor bad, but simply dramatically effective and exciting. This clearly takes us back to the ambiguity of Racine's earlier plays which is discussed at the beginning of this Introduction.

[1] See Appendix B and note to l. 1647.

[2] *Port-Royal*, 4th ed., VI, p. 150. The Abbé Brémond comments on this: 'quiconque est inaccessible à toute espèce de sentiment religieux, restera fermé à la beauté d'*Athalie*', *Racine et Valéry*, 1930, p. 211.

[3] Letter to Voltaire of 11 December 1769, quoted by Mongrédien, *Athalie de Racine*, pp. 139–40.

It is true that Joad and all the other characters constantly refer to a god who according to them directs the course of the action, but may we not, in spite of Racine's expressed intention, dismiss all this as convincing local colour and no more? In their situation it is natural that Joad and even Athalie should believe in the power of Jehovah just as Phèdre and Thésée apparently believe in the action of Venus and Neptune, but why should we take the first more seriously than the second? Joad insists that the restoration of Joad is a miracle, but it is perfectly explicable in purely human terms as a successfully-operated palace revolution, for which Joad himself is largely responsible.[1] Nor has the outcome of this palace revolution anything edifying for us; it is simply another episode in the feud between the house of David and the house of Ahab, in which both sides resort to deceit and bloodshed.

This, roughly speaking, is the way in which the play was interpreted by the Voltairian theatre-critic of the late nineteenth century, Francisque Sarcey. Speaking as an expert on dramatic technique, he devotes to *Athalie* a lecture entitled '*Athalie* drame moderne'; this is how he approaches his subject:

Prenons *Athalie* en son fond, écartant d'elle les magnifiques accessoires de religion juive et de civilisation antique dont l'a entourée Racine, et sous lesquels le véritable sujet a presque disparu pour nous.

C'est une conspiration et pas autre chose.[2]

This is clearly far from Racine's intentions, but it does point out that the play exists apart from its religious significance and that it is not dominated by God to such an extent as to be uninteresting as human drama. And when we look at it in this way, various elements take on a new importance.

In particular we realize that Athalie commands more of our

---

[1] This is how it appears in Racine's biblical source (see Appendix A), where indeed it is Athalie who appears a courageous woman in going to the temple to face a successful insurrection.

[2] F. Sarcey, *Quarante ans de théâtre*, III, p. 241.

R—C

attention than she ought to if this were a play strictly about the workings of providence. Already in the eighteenth century there was a noticeable shift of sympathy to the old queen, who was thought of both as a poor old woman whose murder is a dastardly act and as an enlightened and efficient ruler whose tolerance contrasts pleasantly with the exclusive fanaticism of Joad and his mouthpiece Joas (see ll. 453–4, 681–5).

Racine himself encourages us to give a prominent place to Athalie in our interpretation of the play, if only by the title he gives it. That he is not entirely happy about this is seen in the uneasy paragraph in the preface where he says:

Elle a pour sujet Joas reconnu et mis sur le trône: et j'aurais dû, dans les règles, l'intituler *Joas*: mais la plupart du monde n'en ayant entendu parler que sous le nom d'*Athalie*, je n'ai pas jugé à propos de la leur présenter sous un autre titre, puisque d'ailleurs Athalie y joue un personnage si considérable et que c'est sa mort qui termine la pièce.

It is not hard to see why the play was known by this name. Although Athalie appears in two acts only (Joad appears in all five), her appearances are so powerful as to make us forget the pious intentions of the play. Racine lends her the language of his earlier tragedies, a language more haunting and evocative than that given to Joad (e.g. ll. 490–6). He invents for her a dream which is one of the dramatic high-points of the play. More than this, she commands our admiration and our sympathy. We have seen her as a tolerant ruler; she is also painted by Racine—and in this too he is inventing—as a highly successful politician (ll. 465–8). She is genuinely capable of pity or love at the sight of Joas (ll. 651–4). And above all her relation with her ungodly mother Jezebel is movingly depicted both in the dream scene and in the important speech (ll. 709–30) in which she effectively justifies her actions. She is more benevolent despot than Hitlerian dictator.

Constantly too she reminds us of some of the great characters

of Racine's earlier plays. Like Agrippine in *Britann*
worthy participant in a fierce political struggle. Lik
is a victim of the gods (or a god), and towards h...
attitude must be one of pity, not partisan hostility. It is diff...
not to conclude with Antoine Adam that 'à son insu même,
Racine était entraîné hors de ce dogmatisme. Malgré lui, il a fait
d'Athalie la création la plus vraie, la plus émouvante, la plus
humaine de sa tragédie.'[1]

Other elements in *Athalie* also gain in importance if we look
on it as a human drama. One of these is the future degeneration
of Joas, who after ruling well for many years will desert the cause
of Jehovah and have Zacharie killed. This chain of events is
frequently hinted at in the course of the play, particularly in
Athalie's imprecations (ll. 1780–90) and in Joad's prophecy:

Comment en un plomb vil l'or pur s'est-il changé?
Quel est dans le lieu saint ce pontife égorgé? (ll. 1142–3)

In the 'providential' interpretation of *Athalie* the fate of Joas,
although we regret it, is engulfed in the designs of God and,
compared with the preservation of the line of David, it seems unimportant. The sting is taken from it as from Athalie's tragic fate.
But if the house of David has no privileged status, Joas's future
downfall becomes another step in a tragic cycle not unlike that of
the *Oresteia*, where massacre and murder beget massacre and
murder.[2] Here again we are reminded of *Britannicus*: Néron too
had begun as a good emperor; we see the earlier stages here but
worse is to come.[3]

Some critics have seen Joad as sharing this knowledge with
the spectator, since he in fact prophesies Joas's future crimes.
The effect is to make of Joad a near-tragic character and to give
additional pathos to lines such as:

Enfants, ainsi toujours puissiez-vous être unis! (l. 1416)

[1] *Histoire*, V, p. 56.
[2] See E. E. Williams, '*Athalie*; the Tragic Cycle and the Tragedy of Joas'
Romanic Review, 1937, pp. 36–45.   [3] See note to l. 603.

Lucien Dubech, in his interesting book *Jean Racine politique*, makes a good deal of this; for him the heroic meaning of the play is that the legitimate line must be restored even if its representative is unworthy. But Mrs. Annie Barnes has shown convincingly[1] by arguments based on Racine's knowledge of the Fathers that in Racine's mind Joad does not fully understand what he is saying when the gift of prophecy descends on him any more than the chorus does. This considerably alters the way we look at Joad (making him less heroic, less cruel, less the unflinching man of God), but otherwise it does not radically affect our view of the play, since however much Joad understands, Racine makes sure (in his notes) that his reader is fully aware of Zacharie's future. The line quoted above is no longer a bitter comment but a piece of dramatic irony typical of Racine—in either case it is equally moving.

These then are some of the ways in which it is possible to approach *Athalie* in the light of the non-religious plays. But this non-Christian interpretation will not really do as a complete view of a play in which the elements of human drama, political and tragic, are balanced against the sacred element, the constant presence of God. A full account of the play has to take note of both sides, however much one may dislike one or the other. This is confirmed by an examination of the structure and language of *Athalie*.

*   *   *

Basically of course *Athalie* conforms to the familiar pattern of French Classical tragedy.[2] Indeed it was considered a model of the genre by many eighteenth-century critics. We have once again the five acts of dialogue in alexandrines; there are no monologues here, but the traditional *confident* reappears briefly

---

[1] See her article 'La Prophétie de Joad' in *The French Mind, Studies in Honour of Gustave Rudler*, Oxford, 1952.

[2] See J. Scherer, *La Dramaturgie classique* for a detailed analysis of the various essential elements of Classical tragedy.

in Nabal and Agar. There are the set-piece *tirades* and narrative *récits* in which Racine can display to the full the splendour of his language (e.g. ll. 464–52). The play conforms to the unities of time, place and action (since Athalie's downfall and Joas's restoration are complementary parts of the same action). Like Racine's other plays, *Athalie* has a complex pre-history, which is brought out in the expository first act. Only when crisis point has been reached can the play begin and once it has begun we witness a skilful manipulation of dramatic tension. The tempo varies, scenes of activity contrast with scenes of stately dialogue (e.g. Act IV, scenes 3 and 4), mysteries (of which the dream is the most striking example) keep the audience in a state of suspense and the dramatic knot is finally untied (or cut) in a violent and impressive *dénouement*.

In fact, performed without choruses (as it was in 1716 at the Comédie Française), the play comes close to the normal French political drama of the *Britannicus* type. The only marked technical difference is a certain leaning towards the spectacular; the number of characters is greater than usual, the stage directions are more numerous and the play culminates in a physical *coup de théâtre* of a type we do not find in Racine's secular plays: 'Ici le fond du théâtre s'ouvre. On voit le dedans du temple, et les lévites armés entrent de tous côtés sur la scène.' Such *machines* were the stock-in-trade of the opera and it is possible that Racine was influenced by the popularity of this genre with Louis and his court when writing *Athalie*.[1] But apart from this the technical divergence between *Athalie* and, say, *Britannicus* is not great.

All this is to assume however that *Athalie* is being performed without choruses, that the choruses are an inessential decoration. And it is of course the choruses which structurally speaking set *Athalie* apart from Racine's non-religious plays. It is possible, as

---

[1] In the preface to *Esther* he suggests that the spectacular element is put in for the benefit of the schoolgirls: 'on voulait rendre ce divertissement plus agréable à des enfants, en jetant quelque variété dans les décorations'.

, to consider the chorus as a dramatically irrelevant ch is only included because this was what Madame l and Louis wanted,[1] but it is also possible to see it of the play. In his preface to *Esther*, Racine admits us was suggested to him by his patroness ('le plan qu'on m'avait donné'), but explains the use to which he has put it:

En travaillant sur le plan qu'on m'avait donné, j'exécutais en quelque sorte un dessein qui m'avait souvent passé dans l'esprit, qui était de lier, comme dans les anciennes tragédies grecques, le chœur et le chant avec l'action, et d'employer à chanter les louanges du vrai Dieu cette partie du chœur que les païens employaient à chanter les louanges de leurs fausses divinités.

He repeats this declaration of indebtedness to the Greeks in the preface to *Athalie*:

J'ai aussi essayé d'imiter des anciens cette continuité d'action qui fait que leur théâtre ne demeure jamais vide; les intervalles des actes n'étant marqués que par des hymnes et par des moralités du chœur qui ont rapport à ce qui se passe.

It has become something of a commonplace to say that *Athalie* is a Greek play with a Hebrew or Christian content, the meeting-point of two traditions. And in fact, although the chorus does not remain on stage all the time, it does perform some of the functions of the normal Greek chorus in the way Racine indicates, linking the different episodes, commenting on the action and being itself involved in the outcome of the action (it is probably closer to the central chorus of Aeschylus than to the decorative chorus of some plays of Euripides). There is no doubt that Greek tragedy was not absent from Racine's mind when he was writing *Athalie*; we have in Act II, scene 7 a dia-

[1] 'The Chorus at St. Cyr was only to give the young ladies an occasion of entertaining the king with vocal music, and of commending their own voices' (*A Parallel of Poetry and Painting*, quoted by Picard, *Supplément au Corpus Racinianum*, p. 41). See also pp. 35–37 for other English criticisms of Racine's choruses.

logue (between Athalie and Joas) which is strikingly similar to that between Creusa and Ion in Euripides' *Ion*.[1]

Nevertheless Racine had no need to go to Greek tragedy to find choruses performing these functions. The Renaissance tragedy of the sixteenth century, imitating Seneca, puts considerable weight on the chorus, although in the plays of Jodelle and Garnier for instance it is more moralizing and less integrated with the main plot than the chorus of *Athalie*—more like the chorus of *Esther*. Then again there were choruses in the religious plays of the Jesuit schools (with music in some cases by such well-known composers as Marc-Antoine Charpentier).[2] And finally, nearest of all to Racine, there is the tradition of the opera, where the chorus is probably quite as important as the dialogue. All in all the choruses in *Athalie* cannot be described simply as an imitation of the Greek.

Whatever their origin may have been, the influence of the choruses and of the musical episode of the prophecy (Act III, scene 7) is undoubtedly to heighten the solemnity of the play and to weld it together into a single religious unit. The chorus, representing as it does the Jewish people and thence the race of the elect, is vitally concerned with the outcome of Joad's conspiracy; as it expresses the hopes and fears of the tribe of David, it sets the particular human action in a broader framework, both drawing moral lessons and placing this single event in the larger scheme of God's providence as outlined by Bossuet. Far from merely providing pious interludes in a not entirely pious play, it gives the play its distinctive character. Without the chorus *Athalie* is a traditional political drama with religious overtones; with it, it is something approaching sacred oratorio.[3]

*   *   *

[1] See note to Act II, scene 7. On Racine's debt to Greece see R. C. Knight, *Racine et la Grèce*, in particular, pp. 384-92.

[2] See note 3 on p. 14 above.

[3] Professor W. McC. Stewart in his interesting essay 'Le Tragique et le sacré chez Racine' (in *Le Théâtre tragique*, ed. J. Jacquot, 1962) points out that

ind the same duality in the language of *Athalie*. If one is
.o the language of Racine's non-religious plays, *Athalie* is
..iar ground. One finds in it the combination of directness
. dignity which is characteristic of plays like *Britannicus*. The
language, while remaining formally beautiful, is constantly ex-
pressive of the different natures of the characters, the firmness of
Joad (e.g. ll. 61–64), the softness of Josabet (e.g. ll. 248–55), the
suppleness of Mathan (e.g. ll. 550–5), the contrasting passionate
sincerity of Abner (ll. 571–8). It mirrors too their changing
attitudes and emotions, for instance Athalie's weakness (ll. 435–8),
her regal qualities (ll. 471–83), her reasonableness (ll. 684–5),
her violence (ll. 1705–8), her vindictive ferocity (ll. 1781–90)
and so on. It is dramatic language.

At the same time the language has changed slightly; to a
certain extent it is the language of the temple, more solemn and
rigid than that of the outside world. The language of the chorus
with its comparisons (e.g. ll. 777–80), its constant repetition and
patterning and its varied metres, is obviously far removed from
that of the earlier tragedies and makes no pretence at *vraisemblance*.[1] And in places the spoken dialogue too has a new leisurely
solemnity, the dignity of a religious ceremonial. One notices for
instance the frequency of inversion, always a common figure, but
never so much so in the earlier plays as in *Athalie* (see for
instance ll. 5–11). Inversion combines with an alexandrine which
is somewhat less broken up here than in many of Racine's earlier
plays and with various rhetorical figures such as repetition and
antithesis to keep the language in general far removed from
normal speech. We are more conscious here than in plays such

Athalie stands at a cross-roads. Afterwards the roads diverge; on the one hand
Athalie is performed at the Comédie Française without a chorus, on the other
hand it provides the subject of Handel's oratorio *Athaliah*, where it is the spoken
word that disappears.

[1] J. Vianey points out however that the members of the chorus are differentiated
from one another ('Les Tragédies sacrées de Racine', *Revue des cours et conférences*, 1913–14).

as *Britannicus* of the need for stately declamation, particularly in some of Joad's speeches (e.g. ll. 61–4, 1083–92). Periphrasis, metaphor and metonymy all contribute to giving a richer and more elaborate texture to the language of *Athalie* than any other play of Racine's. All of this probably tends to pull *Athalie* away from the human drama towards the oratorio.

So too does the biblical element in the language. We know that Racine prepared himself conscientiously for the writing of *Athalie* and that the Bible was his constant reading in the later part of his life. Knowing this one might expect the language of *Athalie* to be conspicuously different from that of secular drama of the time. Seventeenth-century critics who were close to Racine in outlook (in particular the Abbé Claude Fleury and Bossuet) praised the grandeur and vehemence of Hebrew poetry; Fleury admired in particular the varied figures of speech and bold metaphors of biblical poetry and concluded: 'Toute notre poésie moderne est fort misérable en comparaison.'[1] One of Racine's masters at Port-Royal, Claude Lancelot, held similar views: 'La grandeur du style qui paraît dans les Prophètes en certaines rencontres est au-dessus de tout ce que l'esprit humain peut produire'.[2]

But not a great deal of this comes across in the vocabulary and syntax of Racine, which are not strikingly different from those of his time. At most Cahen[3] can point to a few 'local colour' words (*Arche, cèdre, chérubin, lévite, mitre, parvis, tabernacle, tiare* and forty-three proper names) and a certain number of meta-

---

[1] *Discours sur la poésie des Hébreux* (1713). The Abbé Boyer, who also wrote religious plays for Saint-Cyr, was more conscious of the difficulties involved in imitating the biblical style: 'les termes sublimes et magnifiques qui composent la divine poésie... peuvent être quelquefois durs et sauvages à l'égard de notre musique, par la force et par l'obscurité des expressions figurées, et des sens mystérieux qu'ils contiennent' (Preface to *Jephté*, quoted by H. C. Lancaster, *A History of French Dramatic Literature*, Part IV, vol. I, p. 320).

[2] Quoted by Orcibal, *Genèse*, p. 107.

[3] J. G. Cahen, *Le Vocabulaire de Racine*, pp. 153–62.

phorical expressions of biblical origin which were unusual in the
seventeenth century (ll. 89, 97, 122, 1517, 1736). And in fact
Racine has more than once been criticized for failing to do justice
to the splendour of his Hebrew subject[1] and the direct simplicity
of Hebrew poetry. It has been noticed for example that he turns
the bulls or bullocks of the Bible into heifers in *Athalie* (see note
to l. 88). There seems to be little doubt that Renan is right to
conclude, '*Athalie* n'est donc pas une œuvre biblique'.[2] It is
more seventeenth-century French than Hebrew.

Nevertheless, although he was writing for the girls of Saint-
Cyr, Racine did not reduce his subject to a gentle, pious tale.
Perhaps the Bible is more direct, but Racine gives us a barbarous
enough story in all conscience. Against the sweetness of Joas,
Josabet and the chorus we must set the constant references to
bloodshed and knives (see note to ll. 224–5) and the violence of
such passages as ll. 503–6 and ll. 1360–8. Racine's version may
be dignified; it is not squeamish. Perhaps because of the transition from classical to biblical sources there is a fierce, stark
grandeur about many passages in *Athalie* (e.g. ll. 113–24,
1034–40, 1351–68, 1749–56) which is hardly to be found in the
earlier tragedies.

And above all, although the style of *Athalie* may not be
essentially different from that of the earlier tragedies, the play
is riddled with conscious or unconscious reminiscences of the
Bible. According to Orcibal (though the evidence is not con-
clusive), 'au cours de son travail de rédaction, Racine parcourait
méthodiquement les morceaux lyriques de l'Écriture qui lui
semblaient le mieux répondre à ses préoccupations. Il en trans-
crivait les traits saillants en y mêlant les idées qui lui venaient à
l'esprit, quelque lâche qu'en fût le lien avec le texte.'[3] These

[1] Sainte-Beuve, *Portraits littéraires*, I, pp. 87–94.

[2] E. Renan, 'De l'imitation de la Bible dans *Athalie*', a student essay reprinted
in the *Revue de Paris*, 1 August 1922.

[3] *Genèse*, p. 111.

allusions have been noted by many commentators[1] and many of them are indicated in the notes to the present edition. Their effect is somewhat diminished if the Bible is not so familiar to the reader as it was to Racine, but they too serve to set *Athalie* apart from the non-religious plays.

To conclude, it is clearly impossible to ignore either the religious or the human aspects of *Athalie*. Perhaps, if we are in sympathy with Racine's religious views, we may say that he has succeeded in reconciling the tragic and the sacred[2] (though in this case what is probably meant is that the sacred swallows up the tragic). But we may also feel that *Athalie* pulls uncomfortably in two directions at once, that one of these (that of the triumphal hymn) is alien to us, while the other (that of the fierce tragic drama) clearly does not account for the whole play. It is hard to see what meaning can be attached to such judgements as Sainte-Beuve's '*Athalie*, comme art, égale tout'. Even Monsieur Homais is basically more honest in his comical confusion; for the reader who does not share Bossuet's view of the world *Athalie* will remain a magnificent play, a puzzling and fascinating play, but not Racine's unquestioned masterpiece, far less the masterpiece of European literature which it has sometimes been proclaimed.

[1] e.g. A. Coquerel, *Athalie et Esther de Racine avec un commentaire biblique*, 1862; Abbé Delfour, *La Bible dans Racine*, 1892; J. Lichtenstein, *Racine poète biblique*, 1934; and P. Mesnard, *Œuvres de J. Racine*, vol. III (notes on *Athalie*).

[2] See Stewart, op. cit.

SELECT BIBLIOGRAPHY

EDITIONS

Athalie, tragédie tirée de l'Écriture Sainte, Paris, 1691. The first edition, a handsome quarto volume. There was a second edition of smaller format in 1692.

Œuvres de Racine, 2 vols, Paris, 1697. The last edition published in Racine's lifetime. *Athalie* is in Vol. II.

Athalie et Esther de Racine avec un commentaire biblique by Athanase L. C. Coquerel, Paris, 1862.

Œuvres de J. Racine, éd. P. Mesnard, *G.E.F.*, 2nd ed., 10 vols., Paris, 1885. Usually considered the standard edition. Much invaluable information, but introductions dated. *Athalie* is in Vol. III and the music of Moreau in Vol. IX.

Théâtre de Racine, éd. G. Truc, *Les Textes Français*, 4 vols., Paris, 1929–1930. Reproduces the original spelling and punctuation. *Athalie* is in Vol. IV.

Athalie, mise en scène et commentaire par Georges Le Roy, Paris, 1952.

Racine. Œuvres complètes, éd. R. Picard, *Bibliothèque de la Pléiade*, 2 vols., Paris, 1950–2. Excellent complete edition; the plays are in Vol. I.

CRITICISM

Voltaire, *Dictionnaire philosophique*, 1764–74, 'Art dramatique'. Typical of much Enlightenment criticism of the play.

Sainte-Beuve, *Port-Royal*, 3rd ed., 1866–7, Vol. VI. Notable expression of the admiration felt by many Romantics for *Athalie*.

F. Sarcey, *Quarante ans de théâtre*, Paris, 1900, Vol. III. An entertaining and irreverent series of lectures by a professional theatre critic, presenting *Athalie* simply as a successful political drama.

L. Dubech, *Jean Racine politique*, Paris, 1926. Good treatment of dynastic and political aspects of *Athalie*.

G. Mongrédien, *Athalie de Racine*, Paris, 1929. Useless as criticism, but contains much useful information.

G. Charlier, '*Athalie* et la révolution d'Angleterre', *Mercure de France*, 1 July 1931. Puts forward topical interpretation of *Athalie*.

K. Loukovitch, *L'Évolution de la tragédie religieuse classique en France*, Paris, 1933. Essential background study for both theory and practice.

J. Lichtenstein, *Racine, poète biblique*, Paris, 1934. Biblical influences on Racine's thought and language.

T. Maulnier, *Racine*, Paris, 1935. See Chapter 14, suggestively grandiloquent.

M. Turnell, '*Athalie* and the Dictators', *Scrutiny*, 1940. A helpful critical essay.

J. Orcibal, *La Genèse d'Esther et d'Athalie*, Paris, 1950. Immensely learned work, relating *Athalie* to political and theological background. Some of its conclusions have not been generally accepted.

E. Vinaver, *Racine et la poésie tragique*, Paris, 1951. An attractive essay, attempting to distinguish what is tragic in Racine's theatre.

R. C. Knight, *Racine et la Grèce*, Paris, 1951. Contains a helpful chapter on the Greek elements in *Athalie*.

Mrs. A. Barnes, 'La Prophétie de Joad' in *The French Mind, Studies in Honour of Gustave Rudler*, Oxford, 1952. Raises and satisfactorily solves the question of Joad's understanding of his own prophecy.

J. G. Cahen, *Le Vocabulaire de Racine*, Paris, 1946. A thorough study, with a chapter on *Athalie*; needs supplementing by J. Pommier, *Aspects de Racine*, Paris, 1954, pp. 239–309.

L. Goldmann, *Le Dieu caché*, Paris, 1955. The second part is a new interpretation of Racine's plays in the light of the Jansenist tragic vision.

P. Moreau, *Racine*, 2nd ed., Paris, 1956. A very sound general introduction to Racine.

J. C. Lapp, *Aspects of Racinian Tragedy*, Toronto, 1956. The best general study in English. Insists on importance of rebirth theme in *Athalie*.

R. Picard, *La Carrière de Jean Racine*, Paris, 1956 (2nd ed., 1961). Reliable and impressive, essential for Racine's biography. Material for the book collected in the invaluable *Corpus Racinianum*, 1956, to which a supplement was published in 1961.

J. D. Hubert, *Essai d'exégèse racinienne*, Paris, 1956. Similar in approach to Lapp, concentrating on significant metaphorical patterns and key themes.

A. Adam, *Histoire de la littérature française au XVIIe siècle*, Vol. V, Paris, 1956. Contains a brief and stimulating section on *Athalie*.

P. Butler, *Classicisme et baroque dans l'œuvre de Racine*, Paris, 1959. One of the most illuminating recent studies; emphasizes Jansenism of *Athalie*.

W. McC. Stewart, 'Le Tragique et le sacré chez Racine', *Le Théâtre tragique*, ed. J. Jacquot, Paris, 1962. Excellent paper on tension and reconciliation of the sacred and the dramatic in *Athalie*.

P. France, *Racine's Rhetoric*, Oxford, 1965. A study of Racine's style.

For dictionaries etc. see p. 44. A more detailed bibliography will be found in *A Critical Bibliography of French Literature*, ed. Edelman, Vol. III, *The Seventeenth Century*, Syracuse, 1961.

NOTE ON THE TEXT

THE text is that of the 1697 edition of Racine's plays, with the exception of two errors (ll. 169 and 1154) which have been corrected. Important variants are indicated in the notes.

The spelling has been modernized, except that *encor* and *iusques* have been left in their original form where altering them would have affected the prosody. The punctuation has in general been brought into line with modern practice; I have attempted however to retain some of the distinguishing qualities of the 1697 edition, which often shows more feeling for the rhythm of Racine's dialogue than many modern editions. In particular I have kept many of the original full-stops and have avoided as far as possible introducing commas in the middle of the alexandrine.

RACINE

ATHALIE

TRAGÉDIE
TIRÉE DE L'ÉCRITURE SAINTE

PRÉFACE

Tout le monde sait que le royaume de Juda était composé des deux tribus de Juda et de Benjamin, et que les dix autres tribus qui se révoltèrent contre Roboam composaient le royaume d'Israël. Comme les rois de Juda étaient de la maison de David, et qu'ils avaient dans leur partage la ville et le temple de Jérusalem, tout ce qu'il y avait de prêtres et de lévites se retirèrent auprès d'eux, et leur demeurèrent toujours attachés. Car depuis que le temple de Salomon fut bâti, il n'était plus permis de sacrifier ailleurs, et tous ces autres autels qu'on élevait à Dieu sur des montagnes, appelés par cette raison dans l'Écriture les hauts lieux, ne lui étaient point agréables. Ainsi le culte légitime ne subsistait plus que dans Juda. Les dix tribus, excepté un très petit nombre de personnes, étaient ou idolâtres ou schismatiques.

Au reste, ces prêtres et ces lévites faisaient eux-mêmes une tribu fort nombreuse. Ils furent partagés en diverses classes pour servir tour à tour dans le temple, d'un jour de sabbat à l'autre. Les prêtres étaient de la famille d'Aaron, et il n'y avait que ceux de cette famille, lesquels pussent exercer la sacrificature. Les lévites leur étaient subordonnés, et avaient soin, entre autres choses, du chant, de la préparation des victimes, et de la garde du temple. Ce nom de lévite ne laisse pas d'être donné quelquefois indifféremment à tous ceux de la tribu. Ceux qui étaient en semaine avaient, ainsi que le grand prêtre, leur logement dans les portiques ou galeries, dont le temple était environné, et qui faisaient partie du temple même. Tout l'édifice s'appelait en général le lieu saint. Mais on appelait plus particulièrement de ce nom cette partie du temple intérieur où était le chandelier d'or, l'autel des parfums, et les tables des pains de proposition. Et cette partie était encore distinguée du Saint des Saints, où était l'arche, 30 et où le grand prêtre seul avait droit d'entrer une fois l'année. C'était une tradition assez constante que la montagne sur laquelle le temple fut bâti était la même montagne où Abraham avait autrefois offert en sacrifice son fils Isaac.

J'ai cru devoir expliquer ici ces particularités, afin que ceux à qui l'histoire de l'Ancien Testament ne sera pas assez présente n'en soient point arrêtés en lisant cette tragédie. Elle a pour sujet Joas reconnu et mis sur le trône; et j'aurais dû dans les règles l'intituler *Joas*. Mais la plupart du monde n'en ayant entendu parler que sous le nom d'*Athalie*, je n'ai pas jugé à propos de la 40 leur présenter sous un autre titre, puisque d'ailleurs Athalie y joue un personnage si considérable, et que c'est sa mort qui termine la pièce. Voici une partie des principaux événements qui devancèrent cette grande action.

Joram, roi de Juda, fils de Josaphat, et le septième roi de la race de David, épousa Athalie, fille d'Achab et de Jézabel, qui régnaient en Israël, fameux l'un et l'autre, mais principalement Jézabel, par leurs sanglantes persécutions contre les prophètes. Athalie, non moins impie que sa mère, entraîna bientôt le Roi son mari dans l'idolâtrie, et fit même construire dans Jérusalem 50 un temple à Baal, qui était le Dieu du pays de Tyr et de Sidon, où Jézabel avait pris naissance. Joram, après avoir vu périr par les mains des Arabes et des Philistins tous les princes ses enfants à la réserve d'Ochosias, mourut lui-même misérablement d'une longue maladie qui lui consuma les entrailles. Sa mort funeste n'empêcha pas Ochosias d'imiter son impiété et celle d'Athalie sa mère. Mais ce prince, après avoir régné seulement un an, étant allé rendre visite au roi d'Israël, frère d'Athalie, fut enveloppé dans la ruine de la maison d'Achab, et tué par l'ordre de Jéhu, que Dieu avait fait sacrer par ses prophètes pour régner sur 60 Israël, et pour être le ministre de ses vengeances. Jéhu extermina toute la postérité d'Achab, et fit jeter par les fenêtres Jézabel, qui, selon la prédiction d'Élie, fut mangée des chiens dans la vigne de ce même Naboth qu'elle avait fait mourir autrefois pour s'emparer de son héritage. Athalie, ayant appris à Jérusalem tous ces massacres, entreprit de son côté d'éteindre entièrement la race royale de David, en faisant mourir tous les enfants d'Ochosias, ses petits-fils. Mais heureusement Josabet, sœur d'Ochosias, et fille de Joram, mais d'une autre mère qu'Athalie, étant arrivée lorsqu'on égorgeait les princes ses neveux, elle trouva moyen de 70 dérober du milieu des morts le petit Joas encore à la mamelle, et le confia avec sa nourrice au grand prêtre, son mari, qui les cacha tous deux dans le temple, où l'enfant fut élevé secrètement jusqu'au jour qu'il fut proclamé roi de Juda. L'Histoire des *Rois* dit que ce fut la septième année d'après. Mais le texte grec des *Paralipomènes*, que Sévère Sulpice a suivi, dit que ce fut la huitième. C'est ce qui m'a autorisé à donner à ce prince neuf à dix ans, pour le mettre déjà en état de répondre aux questions qu'on lui fait.

Je crois ne lui avoir rien fait dire qui soit au-dessus de la portée d'un enfant de cet âge, qui a de l'esprit et de la mémoire. 80 Mais quand j'aurais été un peu au delà, il faut considérer que c'est ici un enfant tout extraordinaire, élevé dans le temple par un grand prêtre, qui le regardant comme l'unique espérance de sa nation, l'avait instruit de bonne heure dans tous les devoirs de la religion et de la royauté. Il n'en était pas de même des enfants des Juifs que de la plupart des nôtres. On leur apprenait les saintes Lettres, non seulement dès qu'ils avaient atteint l'usage de la raison, mais, pour me servir de l'expression de saint Paul, dès la mamelle. Chaque Juif était obligé d'écrire une fois en sa vie, de sa propre main, le volume de la Loi tout entier. Les rois étaient 90 même obligés de l'écrire deux fois, et il leur était enjoint de l'avoir continuellement devant les yeux. Je puis dire ici que la France voit en la personne d'un prince de huit ans et demi, qui fait aujourd'hui ses plus chères délices, un exemple illustre de ce que peut dans un enfant un heureux naturel aidé d'une excellente éducation; et que si j'avais donné au petit Joas la même vivacité et le même discernement qui brillent dans les reparties de ce jeune

prince, on m'aurait accusé avec raison d'avoir péché contre les
règles de la vraisemblance.

L'âge de Zacharie, fils du grand prêtre, n'étant point marqué,
100 on peut lui supposer, si l'on veut, deux ou trois ans de plus qu'à
Joas.

J'ai suivi l'explication de plusieurs commentateurs fort habiles,
qui prouvent, par le texte même de l'Écriture, que tous ces soldats
à qui Joïada, ou Joad, comme il est appelé dans Josèphe, fit
prendre les armes consacrées à Dieu par David, étaient autant de
prêtres et de lévites, aussi bien que les cinq centeniers qui les
commandaient. En effet, disent ces interprètes, tout devait être
saint dans une si sainte action, et aucun profane n'y devait être
employé. Il s'y agissait non seulement de conserver le sceptre
110 dans la maison de David, mais encore de conserver à ce grand roi
cette suite de descendants dont devait naître le Messie. *Car ce
Messie, tant de fois promis comme fils d'Abraham, devait aussi être
le fils de David et de tous les rois de Juda.* De là vient que l'illustre
et savant prélat* de qui j'ai emprunté ces paroles, appelle Joas le
précieux reste de la maison de David. Josèphe en parle dans les
mêmes termes. Et l'Écriture dit expressément que Dieu n'extermina
pas toute la famille de Joram, voulant conserver à David
la lampe qu'il lui avait promise. Or cette lampe, qu'était-ce autre
chose que la lumière qui devait être un jour révélée aux nations?
120 L'histoire ne spécifie point le jour où Joas fut proclamé.
Quelques interprètes veulent que ce fût un jour de fête. J'ai
choisi celle de la Pentecôte, qui était l'une des trois grandes fêtes
des Juifs. On y célébrait la mémoire de la publication de la loi sur
le mont de Sinaï, et on y offrait aussi à Dieu les premiers pains
de la nouvelle moisson; ce qui faisait qu'on la nommait encore la
fête des prémices. J'ai songé que ces circonstances me fourniraient
quelque variété pour les chants du chœur.

Ce chœur est composé de jeunes filles de la tribu de Lévi, et
je mets à leur tête une fille que je donne pour sœur à Zacharie.

* M. de Meaux.

30 C'est elle qui introduit le chœur chez sa mère. Elle chante avec
lui, porte la parole pour lui, et fait les fonctions de ce personnage des anciens chœurs qu'on appelait le coryphée. J'ai aussi
essayé d'imiter des anciens cette continuité d'action qui fait
que leur théâtre ne demeure jamais vide; les intervalles des actes
n'étant marqués que par des hymnes et par des moralités du
chœur, qui ont rapport à ce qui se passe.

On me trouvera peut-être un peu hardi d'avoir osé mettre sur
la scène un prophète inspiré de Dieu, et qui prédit l'avenir. Mais
j'ai eu la précaution de ne mettre dans sa bouche que des expres-
40 sions tirées des prophètes mêmes. Quoique l'Écriture ne dise pas
en termes exprès que Joïada ait eu l'esprit de prophétie, comme
elle le dit de son fils, elle le représente comme un homme tout
plein de l'esprit de Dieu. Et d'ailleurs ne paraît-il pas par
l'Évangile qu'il a pu prophétiser en qualité de souverain pontife?
Je suppose donc qu'il voit en esprit le funeste changement de
Joas, qui, après trente années d'un règne fort pieux, s'abandonna
aux mauvais conseils des flatteurs, et se souilla du meurtre de
Zacharie, fils et successeur de ce grand prêtre. Ce meurtre commis
dans le temple fut une des principales causes de la colère de Dieu
50 contre les Juifs, et de tous les malheurs qui leur arrivèrent dans
la suite. On prétend même que depuis ce jour-là les réponses de
Dieu cessèrent entièrement dans le sanctuaire. C'est ce qui m'a
donné lieu de faire prédire tout de suite à Joad et la destruction
du temple, et la ruine de Jérusalem. Mais comme les prophètes
joignent d'ordinaire les consolations aux menaces, et que d'ailleurs il s'agit de mettre sur le trône un des ancêtres du Messie,
j'ai pris occasion de faire entrevoir la venue de ce consolateur,
après lequel tous les anciens justes soupiraient. Cette scène, qui
est une espèce d'épisode, amène très naturellement la musique,
60 par la coutume qu'avaient plusieurs prophètes d'entrer dans leurs
saints transports au son des instruments. Témoin cette troupe de
prophètes qui vinrent au-devant de Saül avec des harpes et des
lyres qu'on portait devant eux; et témoin Élisée lui-même, qui

étant consulté sur l'avenir par le roi de Juda et par le roi d'Israël, dit, comme fait ici Joad: *Adducite mihi psaltem.* Ajoutez à cela que cette prophétie sert beaucoup à augmenter le trouble dans la pièce, par la consternation et par les différents mouvements où elle jette le chœur et les principaux acteurs.

LES NOMS DES PERSONNAGES

JOAS, roi de Juda, fils d'Ochosias.

ATHALIE, veuve de Joram, aïeule de Joas.

JOAD, autrement JOÏADA, grand prêtre.

JOSABET, tante de Joas, femme du grand prêtre.

ZACHARIE, fils de Joad et de Josabet.

SALOMITH, sœur de Zacharie.

ABNER, l'un des principaux officiers des rois de Juda.

AZARIAS,
ISMAËL,
Et les trois autres chefs des prêtres et des Lévites.

MATHAN, prêtre apostat, sacrificateur de Baal.

NABAL, confident de Mathan.

AGAR, femme de la suite d'Athalie.

Troupe de prêtres et de Lévites.

Suite d'Athalie.

LA NOURRICE de Joas.

CHŒUR de jeunes filles de la tribu de Lévi.

La scène est dans le temple de Jérusalem, dans un vestibule de l'appartement du grand prêtre.

Athalie

ACTE PREMIER

SCÈNE PREMIÈRE: JOAD, ABNER

ABNER

Oui, je viens dans son temple adorer l'Éternel.
Je viens, selon l'usage antique et solennel,
Célébrer avec vous la fameuse journée
Où sur le mont Sina la loi nous fut donnée.
5 Que les temps sont changés! Sitôt que de ce jour
La trompette sacrée annonçait le retour,
Du temple, orné partout de festons magnifiques,
Le peuple saint en foule inondait les portiques;
Et tous devant l'autel avec ordre introduits,
10 De leurs champs dans leurs mains portant les nouveaux
fruits,
Au Dieu de l'univers consacraient ces prémices.
Les prêtres ne pouvaient suffire aux sacrifices.
L'audace d'une femme, arrêtant ce concours,
En des jours ténébreux a changé ces beaux jours.
15 D'adorateurs zélés à peine un petit nombre
Ose des premiers temps nous retracer quelque ombre.
Le reste pour son Dieu montre un oubli fatal,
Ou même, s'empressant aux autels de Baal,
Se fait initier à ses honteux mystères,
20 Et blasphème le nom qu'ont invoqué leurs pères.
Je tremble qu'Athalie, à ne vous rien cacher,

ACTE I. SCÈNE I

Vous-même de l'autel vous faisant arracher,
N'achève enfin sur vous ses vengeances funestes,
Et d'un respect forcé ne dépouille les restes.

JOAD

25 D'où vous vient aujourd'hui ce noir pressentiment?

ABNER

Pensez-vous être saint et juste impunément?
Dès longtemps elle hait cette fermeté rare
Qui rehausse en Joad l'éclat de la tiare.
Dès longtemps votre amour pour la religion
30 Est traité de révolte et de sédition.
Du mérite éclatant cette reine jalouse
Hait surtout Josabet, votre fidèle épouse.
Si du grand prêtre Aaron Joad est successeur,
De notre dernier roi Josabet est la sœur.
35 Mathan d'ailleurs, Mathan, ce prêtre sacrilège,
Plus méchant qu'Athalie, à toute heure l'assiège;
Mathan, de nos autels infâme déserteur,
Et de toute vertu zélé persécuteur.
C'est peu que le front ceint d'une mitre étrangère,
40 Ce lévite à Baal prête son ministère:
Ce temple l'importune, et son impiété
Voudrait anéantir le Dieu qu'il a quitté.
Pour vous perdre il n'est point de ressorts qu'il n'invente.
Quelquefois il vous plaint, souvent même il vous vante.
45 Il affecte pour vous une fausse douceur,
Et par là de son fiel colorant la noirceur,
Tantôt à cette reine il vous peint redoutable,
Tantôt, voyant pour l'or sa soif insatiable,
Il lui feint qu'en un lieu que vous seul connaissez
50 Vous cachez des trésors par David amassés.
Enfin depuis deux jours la superbe Athalie

Dans un sombre chagrin paraît ensevelie.
Je l'observais hier, et je voyais ses yeux
Lancer sur le lieu saint des regards furieux,
55 Comme si dans le fond de ce vaste édifice
Dieu cachait un vengeur armé pour son supplice.
Croyez-moi, plus j'y pense, et moins je puis douter
Que sur vous son courroux ne soit prêt d'éclater,
Et que de Jézabel la fille sanguinaire
60 Ne vienne attaquer Dieu jusqu'en son sanctuaire.

JOAD

Celui qui met un frein à la fureur des flots
Sait aussi des méchants arrêter les complots.
Soumis avec respect à sa volonté sainte,
Je crains Dieu, cher Abner, et n'ai point d'autre crainte.
65 Cependant je rends grâce au zèle officieux
Qui sur tous mes périls vous fait ouvrir les yeux.
Je vois que l'injustice en secret vous irrite,
Que vous avez encor le cœur israélite.
Le ciel en soit béni. Mais ce secret courroux,
70 Cette oisive vertu, vous en contentez-vous?
La foi qui n'agit point, est-ce une foi sincère?
Huit ans déjà passés, une impie étrangère
Du sceptre de David usurpe tous les droits,
Se baigne impunément dans le sang de nos rois,
75 Des enfants de son fils détestable homicide,
Et même contre Dieu lève son bras perfide.
Et vous, l'un des soutiens de ce tremblant État,
Vous, nourri dans les camps du saint roi Josaphat,
Qui sous son fils Joram commandiez nos armées,
80 Qui rassurâtes seul nos villes alarmées,
Lorsque d'Ochosias le trépas imprévu
Dispersa tout son camp à l'aspect de Jéhu,
«Je crains Dieu, dites-vous, sa vérité me touche.»

Voici comme ce Dieu vous répond par ma bouche:
85 «Du zèle de ma loi que sert de vous parer?
Par de stériles vœux pensez-vous m'honorer?
Quel fruit me revient-il de tous vos sacrifices?
Ai-je besoin du sang des boucs et des génisses?
Le sang de vos rois crie, et n'est point écouté.
90 Rompez, rompez tout pacte avec l'impiété.
Du milieu de mon peuple exterminez les crimes,
Et vous viendrez alors m'immoler des victimes.»

ABNER

Hé! que puis-je au milieu de ce peuple abattu?
Benjamin est sans force, et Juda sans vertu.
95 Le jour qui de leur roi vit éteindre la race
Éteignit tout le feu de leur antique audace.
«Dieu même, disent-ils, s'est retiré de nous.
De l'honneur des Hébreux autrefois si jaloux,
Il voit sans intérêt leur grandeur terrassée,
100 Et sa miséricorde à la fin s'est lassée.
On ne voit plus pour nous ses redoutables mains
De merveilles sans nombre effrayer les humains.
L'arche sainte est muette, et ne rend plus d'oracles.»

JOAD

Et quel temps fut jamais si fertile en miracles?
105 Quand Dieu par plus d'effets montra-t-il son pouvoir?
Auras-tu donc toujours des yeux pour ne point voir,
Peuple ingrat? Quoi? toujours les plus grandes merveilles
Sans ébranler ton cœur frapperont tes oreilles?
Faut-il, Abner, faut-il vous rappeler le cours
110 Des prodiges fameux accomplis en nos jours?
Des tyrans d'Israël les célèbres disgrâces,
Et Dieu trouvé fidèle en toutes ses menaces;
L'impie Achab détruit, et de son sang trempé

Le champ que par le meurtre il avait usurpé;
115 Près de ce champ fatal Jézabel immolée,
Sous les pieds des chevaux cette reine foulée,
Dans son sang inhumain les chiens désaltérés,
Et de son corps hideux les membres déchirés;
Des prophètes menteurs la troupe confondue,
120 Et la flamme du ciel sur l'autel descendue;
Élie aux éléments parlant en souverain,
Les cieux par lui fermés et devenus d'airain,
Et la terre trois ans sans pluie et sans rosée;
Les morts se ranimants à la voix d'Élisée;
125 Reconnaissez, Abner, à ces traits éclatants,
Un Dieu tel aujourd'hui qu'il fut dans tous les temps.
Il sait, quand il lui plaît, faire éclater sa gloire,
Et son peuple est toujours présent à sa mémoire.

ABNER

Mais où sont ces honneurs à David tant promis,
130 Et prédits même encore à Salomon son fils?
Hélas! nous espérions que de leur race heureuse
Devait sortir de rois une suite nombreuse;
Que sur toute tribu, sur toute nation,
L'un d'eux établirait sa domination,
135 Ferait cesser partout la discorde et la guerre,
Et verrait à ses pieds tous les rois de la terre.

JOAD

Aux promesses du ciel pourquoi renoncez-vous?

ABNER

Ce roi fils de David, où le chercherons-nous?
Le ciel même peut-il réparer les ruines
140 De cet arbre séché jusque dans ses racines?
Athalie étouffa l'enfant même au berceau.

Les morts après huit ans sortent-ils du tombeau?
Ah! si dans sa fureur elle s'était trompée,
Si du sang de nos rois quelque goutte échappée...

JOAD

Hé bien! que feriez-vous?

ABNER

ligne de compassion
) de pté

145   O jour heureux pour moi!
De quelle ardeur j'irais reconnaître mon roi!
Doutez-vous qu'à ses pieds nos tribus empressées...
Mais pourquoi me flatter de ces vaines pensées?
Déplorable héritier de ces rois triomphants,
150 Ochosias restait seul avec ses enfants.
Par les traits de Jéhu je vis percer le père;
Vous avez vu les fils massacrés par la mère.

JOAD

Je ne m'explique point. Mais, quand l'astre du jour
Aura sur l'horizon fait le tiers de son tour,
155 Lorsque la troisième heure aux prières rappelle,
Retrouvez-vous au temple avec ce même zèle.
Dieu pourra vous montrer par d'importants bienfaits
Que sa parole est stable et ne trompe jamais.
Allez: pour ce grand jour il faut que je m'apprête,
160 Et du temple déjà l'aube blanchit le faîte.

aside'- he is perplexed

ABNER

Quel sera ce bienfait que je ne comprends pas?
L'illustre Josabet porte vers vous ses pas.
Je sors, et vais me joindre à la troupe fidèle
Qu'attire de ce jour la pompe solennelle.

not.
peg

ACTE I. SCÈNE II

SCÈNE II: JOAD, JOSABET

JOAD

165 Les temps sont accomplis, Princesse: il faut parler,
Et votre heureux larcin ne se peut plus celer.
Des ennemis de Dieu la coupable insolence,
Abusant contre lui de ce profond silence,
Accuse trop longtemps ses promesses d'erreur.
170 Que dis-je? Le succès animant leur fureur,
Jusque sur notre autel votre injuste marâtre
Veut offrir à Baal un encens idolâtre.
Montrons ce jeune roi que vos mains ont sauvé,
Sous l'aile du Seigneur dans le temple élevé.
175 De nos princes hébreux il aura le courage,
Et déjà son esprit a devancé son âge.
Avant que son destin s'explique par ma voix,
Je vais l'offrir au Dieu par qui règnent les rois.
Aussitôt assemblant nos lévites, nos prêtres,
180 Je leur déclarerai l'héritier de leurs maîtres.

JOSABET

Sait-il déjà son nom et son noble destin?

JOAD

Il ne répond encor qu'au nom d'Éliacin,
Et se croit quelque enfant rejeté par sa mère,
A qui j'ai par pitié daigné servir de père.

JOSABET

185 Hélas! de quel péril je l'avais su tirer!
Dans quel péril encore est-il prêt de rentrer!

JOAD

Quoi? déjà votre foi s'affaiblit et s'étonne?

JOSABET

A vos sages conseils, Seigneur, je m'abandonne.
Du jour que j'arrachai cet enfant à la mort,
190 Je remis en vos mains tout le soin de son sort.
Même, de mon amour craignant la violence,
Autant que je le puis, j'évite sa présence,
De peur qu'en le voyant quelque trouble indiscret
Ne fasse avec mes pleurs échapper mon secret.
195 Surtout j'ai cru devoir aux larmes, aux prières,
Consacrer ces trois jours et ces trois nuits entières.
Cependant aujourd'hui puis-je vous demander
Quels amis vous avez prêts à vous seconder?
Abner, le brave Abner viendra-t-il nous défendre?
200 A-t-il près de son roi fait serment de se rendre?

JOAD

Abner, quoiqu'on se pût assurer sur sa foi,
Ne sait pas même encor si nous avons un roi.

JOSABET

Mais à qui de Joas confiez-vous la garde?
Est-ce Obed? est-ce Amnon que cet honneur regarde?
205 De mon père sur eux les bienfaits répandus...

JOAD

A l'injuste Athalie ils se sont tous vendus.

JOSABET

Qui donc opposez-vous contre ses satellites?

JOAD

Ne vous l'ai-je pas dit? Nos prêtres, nos lévites.

JOSABET

Je sais que près de vous en secret assemblé,
210 Par vos soins prévoyants leur nombre est redoublé;
Que pleins d'amour pour vous, d'horreur pour Athalie,
Un serment solennel par avance les lie
A ce fils de David qu'on leur doit révéler.
Mais quelque noble ardeur dont ils puissent brûler,
215 Peuvent-ils de leur roi venger seuls la querelle?
Pour un si grand ouvrage, est-ce assez de leur zèle?
Doutez-vous qu'Athalie, au premier bruit semé
Qu'un fils d'Ochosias est ici renfermé,
De ses fiers étrangers assemblant les cohortes,
220 N'environne le temple et n'en brise les portes?
Suffira-t-il contre eux de vos ministres saints,
Qui, levant au Seigneur leurs innocentes mains,
Ne savent que gémir et prier pour nos crimes,
Et n'ont jamais versé que le sang des victimes?
225 Peut-être dans leurs bras Joas percé de coups...

JOAD

Et comptez-vous pour rien Dieu qui combat pour nous?
Dieu, qui de l'orphelin protège l'innocence,
Et fait dans la faiblesse éclater sa puissance;
Dieu, qui hait les tyrans, et qui dans Jezraël
230 Jura d'exterminer Achab et Jézabel;
Dieu, qui frappant Joram, le mari de leur fille,
A jusque sur son fils poursuivi leur famille;
Dieu, dont le bras vengeur, pour un temps suspendu,
Sur cette race impie est toujours étendu.

JOSABET

235 Et c'est sur tous ces rois sa justice sévère
Que je crains pour le fils de mon malheureux frère.
Qui sait si cet enfant, par leur crime entraîné,

Avec eux en naissant ne fut pas condamné?
Si Dieu, le séparant d'une odieuse race,
240 En faveur de David voudra lui faire grâce?
       Hélas! l'état horrible où le ciel me l'offrit
Revient à tout moment effrayer mon esprit.
De princes égorgés la chambre était remplie.
Un poignard à la main, l'implacable Athalie
245 Au carnage animait ses barbares soldats,
Et poursuivait le cours de ses assassinats.
Joas, laissé pour mort, frappa soudain ma vue.
Je me figure encor sa nourrice éperdue,
Qui devant les bourreaux s'était jetée en vain,
250 Et faible le tenait renversé sur son sein.
Je le pris tout sanglant. En baignant son visage,
Mes pleurs du sentiment lui rendirent l'usage;
Et soit frayeur encore, ou pour me caresser,
De ses bras innocents je me sentis presser.
255 Grand Dieu, que mon amour ne lui soit point funeste.
Du fidèle David c'est le précieux reste.
Nourri dans ta maison en l'amour de ta loi,
Il ne connaît encor d'autre père que toi.
Sur le point d'attaquer une reine homicide,
260 A l'aspect du péril si ma foi s'intimide,
Si la chair et le sang, se troublant aujourd'hui,
Ont trop de part aux pleurs que je répands pour lui,
Conserve l'héritier de tes saintes promesses,
Et ne punis que moi de toutes mes faiblesses.

JOAD

265 Vos larmes, Josabet, n'ont rien de criminel;
Mais Dieu veut qu'on espère en son soin paternel.
Il ne recherche point, aveugle en sa colère,
Sur le fils qui le craint l'impiété du père.
Tout ce qui reste encor de fidèles Hébreux

270 Lui viendront aujourd'hui renouveler leurs vœux.
    Autant que de David la race est respectée,
    Autant de Jézabel la fille est détestée.
    Joas les touchera par sa noble pudeur,
    Où semble de son sang reluire la splendeur;
275 Et Dieu, par sa voix même appuyant notre exemple,
    De plus près à leur cœur parlera dans son temple.
    Deux infidèles rois tour à tour l'ont bravé.
    Il faut que sur le trône un roi soit élevé,
    Qui se souvienne un jour qu'au rang de ses ancêtres
280 Dieu l'a fait remonter par la main de ses prêtres,
    L'a tiré par leur main de l'oubli du tombeau,
    Et de David éteint rallumé le flambeau.
        Grand Dieu, si tu prévois qu'indigne de sa race,
    Il doive de David abandonner la trace,
285 Qu'il soit comme le fruit en naissant arraché,
    Ou qu'un souffle ennemi dans sa fleur a séché.
    Mais si ce même enfant, à tes ordres docile,
    Doit être à tes desseins un instrument utile,
    Fais qu'au juste héritier le sceptre soit remis.
290 Livre en mes faibles mains ses puissants ennemis.
    Confonds dans ses conseils une reine cruelle.
    Daigne, daigne, mon Dieu, sur Mathan et sur elle
    Répandre cet esprit d'imprudence et d'erreur,
    De la chute des rois funeste avant-coureur.
295   L'heure me presse. Adieu. Des plus saintes familles
    Votre fils et sa sœur vous amènent les filles.

SCÈNE III: JOSABET, ZACHARIE, SALOMITH,
                    LE CHŒUR

JOSABET

    Cher Zacharie, allez, ne vous arrêtez pas,
    De votre auguste père accompagnez les pas.

O filles de Lévi, troupe jeune et fidèle,
300 Que déjà le Seigneur embrase de son zèle,
Qui venez si souvent partager mes soupirs,
Enfants, ma seule joie en mes longs déplaisirs,
Ces festons dans vos mains et ces fleurs sur vos têtes
Autrefois convenaient à nos pompeuses fêtes.
305 Mais, hélas! en ce temps d'opprobre et de douleurs,
Quelle offrande sied mieux que celle de nos pleurs?
J'entends déjà, j'entends la trompette sacrée,
Et du temple bientôt on permettra l'entrée.
Tandis que je me vais préparer à marcher,
310 Chantez, louez le Dieu que vous venez chercher.

SCÈNE IV: LE CHŒUR

TOUT LE CHŒUR *chante*

Tout l'univers est plein de sa magnificence.
Qu'on l'adore ce Dieu, qu'on l'invoque à jamais.
Son empire a des temps précédé la naissance.
Chantons, publions ses bienfaits.

UNE VOIX, *seule*

315   En vain l'injuste violence
Au peuple qui le loue imposerait silence,
Son nom ne périra jamais.
Le jour annonce au jour sa gloire et sa puissance.
Tout l'univers est plein de sa magnificence.
320   Chantons, publions ses bienfaits.

TOUT LE CHŒUR *répète*

Tout l'univers est plein de sa magnificence.
Chantons, publions ses bienfaits.

UNE VOIX, *seule*

Il donne aux fleurs leur aimable peinture.
Il fait naître et mûrir les fruits.

325 Il leur dispense avec mesure
     Et la chaleur des jours et la fraîcheur des nuits;
     Le champ qui les reçut les rend avec usure.

UNE AUTRE

     Il commande au soleil d'animer la nature,
          Et la lumière est un don de ses mains;
330   Mais sa loi sainte, sa loi pure,
     Est le plus riche don qu'il ait fait aux humains.

UNE AUTRE

     O mont de Sinaï, conserve la mémoire
     De ce jour à jamais auguste et renommé,
          Quand, sur ton sommet enflammé,
335 Dans un nuage épais le Seigneur enfermé
     Fit luire aux yeux mortels un rayon de sa gloire.
          Dis-nous, pourquoi ces feux et ces éclairs,
     Ces torrents de fumée, et ce bruit dans les airs,
          Ces trompettes et ce tonnerre?
340 Venait-il renverser l'ordre des éléments?
          Sur ses antiques fondements
          Venait-il ébranler la terre?

UNE AUTRE

     Il venait révéler aux enfants des Hébreux
     De ses préceptes saints la lumière immortelle.
345   Il venait à ce peuple heureux
     Ordonner de l'aimer d'une amour éternelle.

TOUT LE CHŒUR

          O divine, ô charmante loi!
          O justice! ô bonté suprême!
     Que de raisons, quelle douceur extrême
350 D'engager à ce Dieu son amour et sa foi!

ACTE I. SCÈNE IV

UNE VOIX, *seule*

D'un joug cruel il sauva nos aïeux,
Les nourrit au désert d'un pain délicieux.
Il nous donne ses lois, il se donne lui-même.
    Pour tant de biens, il commande qu'on l'aime.

LE CHŒUR

355   O justice! ô bonté suprême!

LA MÊME VOIX

Des mers pour eux il entr'ouvrit les eaux,
D'un aride rocher fit sortir des ruisseaux.
Il nous donne ses lois, il se donne lui-même.
    Pour tant de biens, il commande qu'on l'aime.

LE CHŒUR

360   O divine, ô charmante loi!
Que de raisons, quelle douceur extrême
D'engager à ce Dieu son amour et sa foi!

UNE AUTRE VOIX, *seule.*

Vous qui ne connaissez qu'une crainte servile,
Ingrats, un Dieu si bon ne peut-il vous charmer?
365 Est-il donc à vos cœurs, est-il si difficile
    Et si pénible de l'aimer?
    L'esclave craint le tyran qui l'outrage;
    Mais des enfants l'amour est le partage.
Vous voulez que ce Dieu vous comble de bienfaits,
370   Et ne l'aimer jamais.

TOUT LE CHŒUR

O divine, ô charmante loi!
O justice! ô bonté suprême!
Que de raisons, quelle douceur extrême
D'engager à ce Dieu son amour et sa foi!

ACTE II

SCÈNE PREMIÈRE: JOSABET, SALOMITH, LE CHŒUR

JOSABET

375 Mes filles, c'est assez; suspendez vos cantiques.
Il est temps de nous joindre aux prières publiques.
Voici notre heure. Allons célébrer ce grand jour,
Et devant le Seigneur paraître à notre tour.

SCÈNE II: ZACHARIE, JOSABET, SALOMITH, LE CHŒUR

JOSABET

Mais que vois-je? Mon fils, quel sujet vous ramène?
380 Où courez-vous ainsi tout pâle et hors d'haleine? *— out of breath.*

ZACHARIE

O ma mère!

JOSABET

Hé bien, quoi?

ZACHARIE

Le temple est profané.

JOSABET

Comment?

ZACHARIE

Et du Seigneur l'autel abandonné.

JOSABET

Je tremble. Hâtez-vous d'éclaircir votre mère.

ZACHARIE

Déjà, selon la loi, le grand prêtre mon père,
385 Après avoir au Dieu qui nourrit les humains
De la moisson nouvelle offert les premiers pains,
Lui présentait encore entre ses mains sanglantes
Des victimes de paix les entrailles fumantes.
Debout à ses côtés le jeune Éliacin
390 Comme moi le servait en long habit de lin;
Et cependant, du sang de la chair immolée,
Les prêtres arrosaient l'autel et l'assemblée.
Un bruit confus s'élève, et du peuple surpris
Détourne tout à coup les yeux et les esprits.
395 Une femme... Peut-on la nommer sans blasphème?
Une femme... C'était Athalie elle-même.

JOSABET

Ciel!

ZACHARIE

Dans un des parvis aux hommes réservé
Cette femme superbe entre, le front levé,
Et se préparait même à passer les limites
400 De l'enceinte sacrée ouverte aux seuls lévites.
Le peuple s'épouvante et fuit de toutes parts.
Mon père... Ah! quel courroux animait ses regards!
Moïse à Pharaon parut moins formidable.
«Reine, sors, a-t-il dit, de ce lieu redoutable,
405 D'où te bannit ton sexe et ton impiété.
Viens-tu du Dieu vivant braver la majesté?»
La Reine alors, sur lui jetant un œil farouche,
Pour blasphémer sans doute ouvrait déjà la bouche.
J'ignore si de Dieu l'ange se dévoilant
410 Est venu lui montrer un glaive étincelant;
Mais sa langue en sa bouche à l'instant s'est glacée,

Et toute son audace a paru terrassée.
Ses yeux, comme effrayés, n'osaient se détourner.
Surtout Éliacin paraissait l'étonner.

JOSABET

415 Quoi donc? Éliacin a paru devant elle?

ZACHARIE

Nous regardions tous deux cette reine cruelle,
Et d'une égale horreur nos cœurs étaient frappés.
Mais les prêtres bientôt nous ont enveloppés.
On nous a fait sortir. J'ignore tout le reste,
420 Et venais vous conter ce désordre funeste.

JOSABET

Ah! de nos bras sans doute elle vient l'arracher;
Et c'est lui qu'à l'autel sa fureur vient chercher.
Peut-être en ce moment l'objet de tant de larmes...
Souviens-toi de David, Dieu, qui vois mes alarmes.

SALOMITH

425 Quel est-il, cet objet des pleurs que vous versez?

ZACHARIE

Les jours d'Éliacin seraient-ils menacés?

SALOMITH

Aurait-il de la Reine attiré la colère?

ZACHARIE

Que craint-on d'un enfant sans support et sans père?

JOSABET

Ah! la voici. Sortons. Il la faut éviter.

SCÈNE III: ATHALIE, AGAR, ABNER, SUITE
D'ATHALIE

AGAR

430 Madame, dans ces lieux pourquoi vous arrêter?
Ici tous les objets vous blessent, vous irritent.
Abandonnez ce temple aux prêtres qui l'habitent.
Fuyez tout ce tumulte, et dans votre palais
A vos sens agités venez rendre la paix.

ATHALIE

435 Non, je ne puis: tu vois mon trouble et ma faiblesse.
Va, fais dire à Mathan qu'il vienne, qu'il se presse,
Heureuse si je puis trouver par son secours
Cette paix que je cherche et qui me fuit toujours.

(Elle s'assied.)

SCÈNE IV: ATHALIE, ABNER, ETC.

ABNER

Madame, pardonnez si j'ose le défendre.
440 Le zèle de Joad n'a point dû vous surprendre.
Du Dieu que nous servons tel est l'ordre éternel.
Lui-même il nous traça son temple et son autel,
Aux seuls enfants d'Aaron commit ses sacrifices,
Aux lévites marqua leur place et leurs offices,
445 Et surtout défendit à leur postérité
Avec tout autre Dieu toute société.
Hé quoi? vous de nos rois et la femme et la mère,
Êtes-vous à ce point parmi nous étrangère?
Ignorez-vous nos lois? Et faut-il qu'aujourd'hui...
450 Voici votre Mathan, je vous laisse avec lui.

ATHALIE

Votre présence, Abner, est ici nécessaire.
Laissons là de Joad l'audace téméraire,
Et tout ce vain amas de superstitions
Qui ferment votre temple aux autres nations.
455 Un sujet plus pressant excite mes alarmes.
Je sais que dès l'enfance élevé dans les armes,
Abner a le cœur noble, et qu'il rend à la fois
Ce qu'il doit à son Dieu, ce qu'il doit à ses rois.
Demeurez.

SCÈNE V: MATHAN, ATHALIE, ABNER, ETC.

MATHAN

Grande Reine, est-ce ici votre place?
460 Quel trouble vous agite, et quel effroi vous glace?
Parmi vos ennemis que venez-vous chercher?
De ce temple profane osez-vous approcher?
Avez-vous dépouillé cette haine si vive...

ATHALIE

Prêtez-moi l'un et l'autre une oreille attentive.
465   Je ne veux point ici rappeler le passé,
Ni vous rendre raison du sang que j'ai versé.
Ce que j'ai fait, Abner, j'ai cru le devoir faire.
Je ne prends point pour juge un peuple téméraire.
Quoi que son insolence ait osé publier,
470 Le Ciel même a pris soin de me justifier.
Sur d'éclatants succès ma puissance établie
A fait jusqu'aux deux mers respecter Athalie.
Par moi Jérusalem goûte un calme profond.
Le Jourdain ne voit plus l'Arabe vagabond,
475 Ni l'altier Philistin, par d'éternels ravages,
Comme au temps de vos rois, désoler ses rivages;

Le Syrien me traite et de reine et de sœur.
Enfin de ma maison le perfide oppresseur,
Qui devait jusqu'à moi pousser sa barbarie,
480 Jéhu, le fier Jéhu, tremble dans Samarie.
De toutes parts pressé par un puissant voisin,
Que j'ai su soulever contre cet assassin,
Il me laisse en ces lieux souveraine maîtresse.
Je jouissais en paix du fruit de ma sagesse;
485 Mais un trouble importun vient depuis quelques jours
De mes prospérités interrompre le cours.
Un songe (me devrais-je inquiéter d'un songe?)
Entretient dans mon cœur un chagrin qui le ronge.
Je l'évite partout, partout il me poursuit.
490   C'était pendant l'horreur d'une profonde nuit.
Ma mère Jézabel devant moi s'est montrée,
Comme au jour de sa mort pompeusement parée.
Ses malheurs n'avaient point abattu sa fierté.
Même elle avait encor cet éclat emprunté
495 Dont elle eut soin de peindre et d'orner son visage,
Pour réparer des ans l'irréparable outrage.
«Tremble, m'a-t-elle dit, fille digne de moi.
Le cruel Dieu des Juifs l'emporte aussi sur toi.
Je te plains de tomber dans ses mains redoutables,
500 Ma fille.» En achevant ces mots épouvantables,
Son ombre vers mon lit a paru se baisser;
Et moi, je lui tendais les mains pour l'embrasser.
Mais je n'ai plus trouvé qu'un horrible mélange
D'os et de chair meurtris, et traînés dans la fange,
505 Des lambeaux pleins de sang, et des membres affreux,
Que des chiens dévorants se disputaient entre eux.

ABNER

Grand Dieu!

ATHALIE

> Dans ce désordre à mes yeux se présente
> Un jeune enfant couvert d'une robe éclatante,
> Tels qu'on voit des Hébreux les prêtres revêtus.
510 Sa vue a ranimé mes esprits abattus.
> Mais lorsque, revenant de mon trouble funeste,
> J'admirais sa douceur, son air noble et modeste,
> J'ai senti tout à coup un homicide acier,
> Que le traître en mon sein a plongé tout entier.
515 De tant d'objets divers le bizarre assemblage
> Peut-être du hasard vous paraît un ouvrage.
> Moi-même quelque temps, honteuse de ma peur,
> Je l'ai pris pour l'effet d'une sombre vapeur;
> Mais de ce souvenir mon âme possédée
520 A deux fois en dormant revu la même idée.
> Deux fois mes tristes yeux se sont vu retracer
> Ce même enfant toujours tout prêt à me percer.
> Lasse enfin des horreurs dont j'étais poursuivie,
> J'allais prier Baal de veiller sur ma vie,
525 Et chercher du repos au pied de ses autels.
> Que ne peut la frayeur sur l'esprit des mortels!
> Dans le temple des Juifs un instinct m'a poussée,
> Et d'apaiser leur Dieu j'ai conçu la pensée.
> J'a cru que des présents calmeraient son courroux,
530 Que ce Dieu, quel qu'il soit, en deviendrait plus doux.
> Pontife de Baal, excusez ma faiblesse.
> J'entre. Le peuple fuit. Le sacrifice cesse.
> Le grand prêtre vers moi s'avance avec fureur.
> Pendant qu'il me parlait, ô surprise! ô terreur!
535 J'ai vu ce même enfant dont je suis menacée,
> Tel qu'un songe effrayant l'a peint à ma pensée.
> Je l'ai vu: son même air, son même habit de lin,
> Sa démarche, ses yeux, et tous ses traits enfin.
> C'est lui-même. Il marchait à côté du grand prêtre;

540 Mais bientôt à ma vue on l'a fait disparaître.
Voilà quel trouble ici m'oblige à m'arrêter,
Et sur quoi j'ai voulu tous deux vous consulter.
    Que présage, Mathan, ce prodige incroyable?

MATHAN

Ce songe et ce rapport, tout me semble effroyable.

ATHALIE

545 Mais cet enfant fatal, Abner, vous l'avez vu.
Quel est-il? De quel sang? Et de quelle tribu?

ABNER

Deux enfants à l'autel prêtaient leur ministère.
L'un est fils de Joad, Josabet est sa mère.
L'autre m'est inconnu.

MATHAN

                    Pourquoi délibérer?
550 De tous les deux, Madame, il se faut assurer.
Vous savez pour Joad mes égards, mes mesures,
Que je ne cherche point à venger mes injures,
Que la seule équité règne en tous mes avis;
Mais lui-même après tout, fût-ce son propre fils,
555 Voudrait-il un moment laisser vivre un coupable?

ABNER

De quel crime un enfant peut-il être capable?

MATHAN

Le ciel nous le fait voir un poignard à la main.
Le ciel est juste et sage, et ne fait rien en vain.
Que cherchez-vous de plus?

ABNER

                    Mais sur la foi d'un songe,
560 Dans le sang d'un enfant voulez-vous qu'on se plonge?
Vous ne savez encor de quel père il est né,
Quel il est.

MATHAN

       On le craint, tout est examiné.
A d'illustres parents s'il doit son origine,
La splendeur de son sort doit hâter sa ruine.
565 Dans le vulgaire obscur si le sort l'a placé,
Qu'importe qu'au hasard un sang vil soit versé?
Est-ce aux rois à garder cette lente justice?
Leur sûreté souvent dépend d'un prompt supplice.
N'allons point les gêner d'un soin embarrassant.
570 Dès qu'on leur est suspect, on n'est plus innocent.

ABNER

Hé quoi, Mathan? D'un prêtre est-ce là le langage?
Moi, nourri dans la guerre aux horreurs du carnage,
Des vengeances des rois ministre rigoureux,
C'est moi qui prête ici ma voix au malheureux;
575 Et vous, qui lui devez des entrailles de père,
Vous, ministre de paix dans les temps de colère,
Couvrant d'un zèle faux votre ressentiment,
Le sang à votre gré coule trop lentement?
      Vous m'avez commandé de vous parler sans feinte,
580 Madame. Quel est donc ce grand sujet de crainte?
Un songe, un faible enfant que votre œil prévenu
Peut-être sans raison croit avoir reconnu.

ATHALIE

Je le veux croire, Abner; je puis m'être trompée.
Peut-être un songe vain m'a trop préoccupée.

585 Hé bien! il faut revoir cet enfant de plus près;
Il en faut à loisir examiner les traits.
Qu'on les fasse tous deux paraître en ma présence.

ABNER

Je crains...

ATHALIE

Manquerait-on pour moi de complaisance?
De ce refus bizarre où seraient les raisons?
590 Il pourrait me jeter en d'étranges soupçons.
Que Josabet, vous dis-je, ou Joad les amène.
Je puis, quand je voudrai, parler en souveraine.
Vos prêtres, je veux bien, Abner, vous l'avouer,
Des bontés d'Athalie ont lieu de se louer.
595 Je sais sur ma conduite et contre ma puissance
Jusqu'où de leurs discours ils portent la licence.
Ils vivent cependant, et leur temple est debout.
Mais je sens que bientôt ma douceur est à bout.
Que Joad mette un frein à son zèle sauvage,
600 Et ne m'irrite point par un second outrage.
Allez.

SCÈNE VI: ATHALIE, MATHAN, ETC.

MATHAN

Enfin je puis parler en liberté.
Je puis dans tout son jour mettre la vérité.
Quelque monstre naissant dans ce temple s'élève,
Reine. N'attendez pas que le nuage crève.
605 Abner chez le grand prêtre a devancé le jour.
Pour le sang de ses rois vous savez son amour.
Et qui sait si Joad ne veut point en leur place
Substituer l'enfant dont le ciel vous menace,
Soit son fils, soit quelque autre...

ATHALIE

Oui, vous m'ouvrez les yeux.
610 Je commence à voir clair dans cet avis des cieux.
Mais je veux de mon doute être débarrassée.
Un enfant est peu propre à trahir sa pensée.
Souvent d'un grand dessein un mot nous fait juger.
Laissez-moi, cher Mathan, le voir, l'interroger.
615 Vous cependant, allez, et sans jeter d'alarmes,
A tous mes Tyriens faites prendre les armes.

SCÈNE VII: JOAS, JOSABET, ATHALIE, ZACHARIE, ABNER,
SALOMITH, DEUX LÉVITES, LE CHŒUR, ETC.

JOSABET, *aux deux lévites*

O vous, sur ces enfants si chers, si précieux,
Ministres du Seigneur, ayez toujours les yeux.

ABNER, *à Josabet*

Princesse, assurez-vous, je les prends sous ma garde.

ATHALIE

620 O ciel! plus j'examine, et plus je le regarde,
C'est lui. D'horreur encor tous mes sens sont saisis.
Épouse de Joad, est-ce là votre fils?

JOSABET

Qui? Lui, Madame?

ATHALIE

Lui.

JOSABET

Je ne suis point sa mère.

Voilà mon fils.
R—F

ATHALIE

Et vous, quel est donc votre père?
625 Jeune enfant, répondez.

JOSABET

Le ciel jusqu'aujourd'hui...

ATHALIE

Pourquoi vous pressez-vous de répondre pour lui?
C'est à lui de parler.

JOSABET

Dans un âge si tendre
Quel éclaircissement en pouvez-vous attendre?

ATHALIE

Cet âge est innocent. Son ingénuité
630 N'altère point encor la simple vérité.
Laissez-le s'expliquer sur tout ce qui le touche.

JOSABET, *tout bas*

Daigne mettre, grand Dieu, ta sagesse en sa bouche.

ATHALIE

Comment vous nommez-vous?

JOAS

J'ai nom Éliacin.

ATHALIE

Votre père?

JOAS

Je suis, dit-on, un orphelin
635 Entre les bras de Dieu jeté dès ma naissance,
Et qui de mes parents n'eus jamais connaissance.

ATHALIE

Vous êtes sans parents?

JOAS

Ils m'ont abandonné.

ATHALIE

Comment? Et depuis quand?

JOAS

Depuis que je suis né.

ATHALIE

Ne sait-on pas au moins quel pays est le vôtre?

JOAS

640 Ce temple est mon pays, je n'en connais point d'autre.

ATHALIE

Où dit-on que le sort vous a fait rencontrer?

JOAS

Parmi des loups cruels prêts à me dévorer.

ATHALIE

Qui vous mit dans ce temple?

JOAS

Une femme inconnue,
Qui ne dit point son nom, et qu'on n'a point revue.

ATHALIE

645 Mais de vos premiers ans quelles mains ont pris soin?

JOAS

Dieu laissa-t-il jamais ses enfants au besoin?
Aux petits des oiseaux il donne leur pâture,
Et sa bonté s'étend sur toute la nature.
Tous les jours je l'invoque, et d'un soin paternel
650 Il me nourrit des dons offerts sur son autel.

ATHALIE

Quel prodige nouveau me trouble et m'embarrasse?
La douceur de sa voix, son enfance, sa grâce,
Font insensiblement à mon inimitié
Succéder... Je serais sensible à la pitié?

ABNER

655 Madame, voilà donc cet ennemi terrible.
De vos songes menteurs l'imposture est visible,
A moins que la pitié qui semble vous troubler
Ne soit ce coup fatal qui vous faisait trembler.

ATHALIE, *à Joas et à Josabet*

Vous sortez?

JOSABET

Vous avez entendu sa fortune.
660 Sa présence à la fin pourrait être importune.

ATHALIE

Non. Revenez. Quel est tous les jours votre emploi?

JOAS

J'adore le Seigneur. On m'explique sa loi.
Dans son livre divin on m'apprend à la lire,
Et déjà de ma main je commence à l'écrire.

ATHALIE

Que vous dit cette loi?

JOAS

665   Que Dieu veut être aimé;
Qu'il venge tôt ou tard son saint nom blasphémé;
Qu'il est le défenseur de l'orphelin timide;
Qu'il résiste au superbe et punit l'homicide.

ATHALIE

J'entends. Mais tout ce peuple enfermé dans ce lieu,
A quoi s'occupe-t-il?

JOAS

670   Il loue, il bénit Dieu.

ATHALIE

Dieu veut-il qu'à toute heure on prie, on le contemple?

JOAS

Tout profane exercice est banni de son temple.

ATHALIE

Quels sont donc vos plaisirs?

JOAS

                    Quelquefois à l'autel
Je présente au grand prêtre ou l'encens ou le sel.
675 J'entends chanter de Dieu les grandeurs infinies.
Je vois l'ordre pompeux de ses cérémonies.

ATHALIE

Hé quoi? vous n'avez point de passe-temps plus doux?
Je plains le triste sort d'un enfant tel que vous.
Venez dans mon palais, vous y verrez ma gloire.

JOAS

680 Moi, des bienfaits de Dieu je perdrais la mémoire?

ATHALIE

Non, je ne vous veux pas contraindre à l'oublier.

JOAS

Vous ne le priez point.

ATHALIE

Vous pourrez le prier.

JOAS

Je verrais cependant en invoquer un autre?

ATHALIE

J'ai mon Dieu que je sers. Vous servirez le vôtre.
Ce sont deux puissants Dieux.

JOAS

Il faut craindre le mien;
685 Lui seul est Dieu, Madame, et le vôtre n'est rien.

ATHALIE

Les plaisirs près de moi vous chercheront en foule.

JOAS

Le bonheur des méchants comme un torrent s'écoule.

ATHALIE

Ces méchants, qui sont-ils?

JOSABET

Hé, Madame! excusez
Un enfant...

ATHALIE, *à Josabet*

690   J'aime à voir comme vous l'instruisez.
Enfin, Éliacin, vous avez su me plaire.
Vous n'êtes point sans doute un enfant ordinaire.
Vous voyez, je suis reine, et n'ai point d'héritier.
Laissez là cet habit, quittez ce vil métier.
695 Je veux vous faire part de toutes mes richesses.
Essayez dès ce jour l'effet de mes promesses.
A ma table, partout, à mes côtés assis,
Je prétends vous traiter comme mon propre fils.

JOAS

Comme votre fils?

ATHALIE

Oui. Vous vous taisez?

JOAS

Quel père

Je quitterais! Et pour...

ATHALIE

Hé bien?

JOAS

700   Pour quelle mère!

ATHALIE, *à Josabet*

Sa mémoire est fidèle, et dans tout ce qu'il dit
De vous et de Joad je reconnais l'esprit.
Voilà comme infectant cette simple jeunesse,
Vous employez tous deux le calme où je vous laisse.
705 Vous cultivez déjà leur haine et leur fureur.
Vous ne leur prononcez mon nom qu'avec horreur.

JOSABET

Peut-on de nos malheurs leur dérober l'histoire?
Tout l'univers les sait. Vous-même en faites gloire.

ATHALIE

Oui, ma juste fureur, et j'en fais vanité,
710 A vengé mes parents sur ma postérité.
J'aurais vu massacrer et mon père et mon frère,
Du haut de son palais précipiter ma mère,
Et dans un même jour égorger à la fois,
Quel spectacle d'horreur! quatre-vingts fils de rois?
715 Et pourquoi? Pour venger je ne sais quels prophètes,
Dont elle avait puni les fureurs indiscrètes.
Et moi, reine sans cœur, fille sans amitié,
Esclave d'une lâche et frivole pitié,
Je n'aurais pas du moins à cette aveugle rage
720 Rendu meurtre pour meurtre, outrage pour outrage,
Et de votre David traité tous les neveux,
Comme on traitait d'Achab les restes malheureux?
Où serais-je aujourd'hui, si domptant ma faiblesse,
Je n'eusse d'une mère étouffé la tendresse,
725 Si de mon propre sang ma main versant des flots
N'eût par ce coup hardi réprimé vos complots?
Enfin de votre Dieu l'implacable vengeance
Entre nos deux maisons rompit toute alliance.
David m'est en horreur; et les fils de ce roi,
730 Quoique nés de mon sang, sont étrangers pour moi.

JOSABET

Tout vous a réussi? Que Dieu voie, et nous juge.

ATHALIE

Ce Dieu, depuis longtemps votre unique refuge,
Que deviendra l'effet de ses prédictions?

Qu'il vous donne ce roi promis aux nations,
735 Cet enfant de David, votre espoir, votre attente...
Mais nous nous reverrons. Adieu; je sors contente:
J'ai voulu voir; j'ai vu.

ABNER, *à Josabet*

                Je vous l'avais promis;
Je vous rends le dépôt que vous m'avez commis.

SCÈNE VIII: JOAD, JOSABET, JOAS, ZACHARIE, ABNER,
SALOMITH, LÉVITES, LE CHŒUR

JOSABET, *à Joad*

Avez-vous entendu cette superbe reine,
Seigneur?

JOAD

740   J'entendais tout, et plaignais votre peine.
Ces lévites et moi, prêts à vous secourir,
Nous étions avec vous résolus de périr.
        (*A Joas, en l'embrassant.*)
Que Dieu veille sur vous, enfant dont le courage
Vient de rendre à son nom ce noble témoignage.
745 Je reconnais, Abner, ce service important.
Souvenez-vous de l'heure où Joad vous attend.
Et nous, dont cette femme impie et meurtrière
A souillé les regards et troublé la prière,
Rentrons, et qu'un sang pur par mes mains épanché
750 Lave jusques au marbre où ses pas ont touché.

SCÈNE IX: LE CHŒUR

UNE DES FILLES DU CHŒUR

Quel astre à nos yeux vient de luire?
Quel sera quelque jour cet enfant merveilleux?

Il brave le faste orgueilleux,
Et ne se laisse point séduire
755   A tous ses attraits périlleux.

UNE AUTRE

Pendant que du Dieu d'Athalie
Chacun court encenser l'autel,
Un enfant courageux publie
Que Dieu lui seul est éternel,
760   Et parle comme un autre Élie
Devant cette autre Jézabel.

UNE AUTRE

Qui nous révélera ta naissance secrète,
Cher enfant? Es-tu fils de quelque saint prophète?

UNE AUTRE

Ainsi l'on vit l'aimable Samuel
765   Croître à l'ombre du tabernacle.
Il devint des Hébreux l'espérance et l'oracle.
Puisses-tu, comme lui, consoler Israël!

UNE AUTRE, *chante*

O bienheureux mille fois
L'enfant que le Seigneur aime,
770   Qui de bonne heure entend sa voix,
Et que ce Dieu daigne instruire lui-même!
Loin du monde élevé, de tous les dons des cieux
Il est orné dès sa naissance;
Et du méchant l'abord contagieux
775   N'altère point son innocence.

TOUT LE CHŒUR

Heureuse, heureuse l'enfance
Que le Seigneur instruit et prend sous sa défense!

LA MÊME VOIX, *seule*

Tel en un secret vallon,
Sur le bord d'une onde pure,
780   Croît à l'abri de l'aquilon
Un jeune lis, l'amour de la nature.
Loin du monde élevé, de tous les dons des cieux
Il est orné dès sa naissance;
Et du méchant l'abord contagieux
785   N'altère point son innocence.

TOUT LE CHŒUR

Heureux, heureux mille fois
L'enfant que le Seigneur rend docile à ses lois!

UNE VOIX, *seule*

Mon Dieu, qu'une vertu naissante
Parmi tant de périls marche à pas incertains!
790 Qu'une âme qui te cherche et veut être innocente
Trouve d'obstacle à ses desseins!
Que d'ennemis lui font la guerre!
Où se peuvent cacher tes saints?
Les pécheurs couvrent la terre.

UNE AUTRE

795 O palais de David, et sa chère cité,
Mont fameux, que Dieu même a longtemps habité,
Comment as-tu du ciel attiré la colère?
Sion, chère Sion, que dis-tu quand tu vois
Une impie étrangère
800   Assise, hélas! au trône de tes rois?

TOUT LE CHŒUR

Sion, chère Sion, que dis-tu quand tu vois
Une impie étrangère
Assise, hélas! au trône de tes rois?

LA MÊME VOIX *continue*

Au lieu des cantiques charmants
805 Où David t'exprimait ses saints ravissements,
Et bénissait son Dieu, son Seigneur et son père,
Sion, chère Sion, que dis-tu quand tu vois
        Louer le Dieu de l'impie étrangère,
Et blasphémer le nom qu'ont adoré tes rois?

UNE VOIX, *seule*

810 Combien de temps, Seigneur, combien de temps encore
Verrons-nous contre toi les méchants s'élever?
Jusque dans ton saint temple ils viennent te braver.
Ils traitent d'insensé le peuple qui t'adore.
Combien de temps, Seigneur, combien de temps encore
815 Verrons-nous contre toi les méchants s'élever?

UNE AUTRE

Que vous sert, disent-ils, cette vertu sauvage?
        De tant de plaisirs si doux
        Pourquoi fuyez-vous l'usage?
    Votre Dieu ne fait rien pour vous.

UNE AUTRE

820   Rions, chantons, dit cette troupe impie;
        De fleurs en fleurs, de plaisirs en plaisirs
            Promenons nos désirs.
    Sur l'avenir, insensé qui se fie.
De nos ans passagers le nombre est incertain.
825 Hâtons-nous aujourd'hui de jouir de la vie;
        Qui sait si nous serons demain?

TOUT LE CHŒUR

Qu'ils pleurent, ô mon Dieu, qu'ils frémissent de crainte,
    Ces malheureux, qui de ta cité sainte
    Ne verront point l'éternelle splendeur.

830 C'est à nous de chanter, nous à qui tu révèles
                    Tes clartés immortelles;
        C'est à nous de chanter tes dons et ta grandeur.

                    UNE VOIX, *seule*

        De tous ces vains plaisirs où leur âme se plonge,
        Que leur restera-t-il? Ce qui reste d'un songe
835   Dont on a reconnu l'erreur.
                A leur réveil, ô réveil plein d'horreur!
                    Pendant que le pauvre à ta table
        Goûtera de ta paix la douceur ineffable,
        Ils boiront dans la coupe affreuse, inépuisable,
840 Que tu présenteras au jour de ta fureur
                    A toute la race coupable.

                    TOUT LE CHŒUR

                    O réveil plein d'horreur!
                    O songe peu durable!
                    O dangereuse erreur!

ACTE III

SCÈNE PREMIÈRE: MATHAN, NABAL, LE CHŒUR

MATHAN

845 Jeunes filles, allez. Qu'on dise à Josabet
Que Mathan veut ici lui parler en secret.

UNE DES FILLES DU CHŒUR

Mathan! O Dieu du ciel, puisses-tu le confondre!

NABAL

Hé quoi? tout se disperse et fuit sans vous répondre?

MATHAN

Approchons.

SCÈNE II: ZACHARIE, MATHAN, NABAL

Recolen ZACHARIE

Téméraire, où voulez-vous passer?
850 Au delà de ce lieu gardez-vous d'avancer.
C'est des ministres saints la demeure sacrée.
Les lois à tout profane en défendent l'entrée.
Qui cherchez-vous? Mon père en ce jour solennel
De l'idolâtre impur fuit l'aspect criminel;
855 Et devant le Seigneur maintenant prosternée,
Ma mère en ce devoir craint d'être détournée.

MATHAN

Mon fils, nous attendrons: cessez de vous troubler.
C'est votre illustre mère à qui je veux parler.
Je viens ici chargé d'un ordre de la Reine.

SCÈNE III: MATHAN, NABAL

NABAL

860 Les enfants ont déjà leur audace hautaine.
Mais que veut Athalie en cette occasion?
D'où naît dans ses conseils cette confusion?
Par l'insolent Joad ce matin offensée,
Et d'un enfant fatal en songe menacée,
865 Elle allait immoler Joad à son courroux,
Et dans ce temple enfin placer Baal et vous.
Vous m'en aviez déjà confié votre joie,
Et j'espérais ma part d'une si riche proie.
Qui fait changer ainsi ses vœux irrésolus?

MATHAN

870 Ami, depuis deux jours je ne la connais plus.
Ce n'est plus cette reine éclairée, intrépide,
Élevée au-dessus de son sexe timide,
Qui d'abord accablait ses ennemis surpris,
Et d'un instant perdu connaissait tout le prix.
875 La peur d'un vain remords trouble cette grande âme:
Elle flotte, elle hésite, en un mot, elle est femme.
J'avais tantôt rempli d'amertume et de fiel
Son cœur déjà saisi des menaces du ciel.
Elle-même, à mes soins confiant sa vengeance,
880 M'avait dit d'assembler sa garde en diligence;
Mais soit que cet enfant devant elle amené,
De ses parents, dit-on, rebut infortuné,
Eût d'un songe effrayant diminué l'alarme,
Soit qu'elle eût même en lui vu je ne sais quel charme,
885 J'ai trouvé son courroux chancelant, incertain,
Et déjà remettant sa vengeance à demain.
Tous ses projets semblaient l'un l'autre se détruire.
«Du sort de cet enfant je me suis fait instruire,
Ai-je dit. On commence à vanter ses aïeux.

890 Joad de temps en temps le montre aux factieux,
Le fait attendre aux Juifs comme un autre Moïse,
Et d'oracles menteurs s'appuie et s'autorise.»
Ces mots ont fait monter la rougeur sur son front.
Jamais mensonge heureux n'eut un effet si prompt.
895   «Est-ce à moi de languir dans cette incertitude?
Sortons, a-t-elle dit, sortons d'inquiétude.
Vous-même à Josabet prononcez cet arrêt:
Les feux vont s'allumer, et le fer est tout prêt;
Rien ne peut de leur temple empêcher le ravage,
900 Si je n'ai de leur foi cet enfant pour otage.»

NABAL

Hé bien? pour un enfant qu'ils ne connaissent pas,
Que le hasard peut-être a jeté dans leurs bras,
Voudront-ils que leur temple enseveli sous l'herbe...

MATHAN

Ah! de tous les mortels connais le plus superbe.
905 Plutôt que dans mes mains par Joad soit livré
Un enfant qu'à son Dieu Joad a consacré,
Tu lui verras subir la mort la plus terrible.
D'ailleurs pour cet enfant leur attache est visible.
Si j'ai bien de la Reine entendu le récit,
910 Joad sur sa naissance en sait plus qu'il ne dit.
Quel qu'il soit, je prévois qu'il leur sera funeste.
Ils le refuseront. Je prends sur moi le reste;
Et j'espère qu'enfin de ce temple odieux
Et la flamme et le fer vont délivrer mes yeux.

NABAL

915 Qui peut vous inspirer une haine si forte?
Est-ce que de Baal le zèle vous transporte?
Pour moi, vous le savez, descendu d'Ismaël,
Je ne sers ni Baal, ni le Dieu d'Israël.

MATHAN

Ami, peux-tu penser que d'un zèle frivole
920 Je me laisse aveugler pour une vaine idole,
Pour un fragile bois, que malgré mon secours
Les vers sur son autel consument tous les jours?
Né ministre du Dieu qu'en ce temple on adore,
Peut-être que Mathan le servirait encore,
925 Si l'amour des grandeurs, la soif de commander
Avec son joug étroit pouvaient s'accommoder.
　　Qu'est-il besoin, Nabal, qu'à tes yeux je rappelle
De Joad et de moi la fameuse querelle,
Quand j'osai contre lui disputer l'encensoir,
930 Mes brigues, mes combats, mes pleurs, mon désespoir?
Vaincu par lui, j'entrai dans une autre carrière,
Et mon âme à la cour s'attacha toute entière.
J'approchai par degrés de l'oreille des rois,
Et bientôt en oracle on érigea ma voix.
935 J'étudiai leur cœur, je flattai leurs caprices,
Je leur semai de fleurs le bord des précipices.
Près de leurs passions rien ne me fut sacré.
De mesure et de poids je changeais à leur gré.
Autant que de Joad l'inflexible rudesse
940 De leur superbe oreille offensait la mollesse,
Autant je les charmais par ma dextérité,
Dérobant à leurs yeux la triste vérité,
Prêtant à leurs fureurs des couleurs favorables,
Et prodigue surtout du sang des misérables.
945 　　Enfin au Dieu nouveau, qu'elle avait introduit,
Par les mains d'Athalie un temple fut construit.
Jérusalem pleura de se voir profanée.
Des enfants de Lévi la troupe consternée
En poussa vers le ciel des hurlements affreux.
950 Moi seul, donnant l'exemple aux timides Hébreux,
Déserteur de leur loi, j'approuvai l'entreprise,

R—G

Et par là de Baal méritai la prêtrise.
Par là je me rendis terrible à mon rival,
Je ceignis la tiare, et marchai son égal.
955 Toutefois, je l'avoue, en ce comble de gloire,
Du Dieu que j'ai quitté l'importune mémoire
Jette encore en mon âme un reste de terreur;
Et c'est ce qui redouble et nourrit ma fureur.
Heureux si sur son temple achevant ma vengeance,
960 Je puis convaincre enfin sa haine d'impuissance,
Et parmi le débris, le ravage et les morts,
A force d'attentats perdre tous mes remords.
Mais voici Josabet.

SCÈNE IV: JOSABET, MATHAN, NABAL

MATHAN

Envoyé par la Reine
Pour rétablir le calme et dissiper la haine,
965 Princesse, en qui le ciel mit un esprit si doux,
Ne vous étonnez pas si je m'adresse à vous.
Un bruit, que j'ai pourtant soupçonné de mensonge,
Appuyant les avis qu'elle a reçus en songe,
Sur Joad, accusé de dangereux complots,
970 Allait de sa colère attirer tous les flots.
Je ne veux point ici vous vanter mes services.
De Joad contre moi je sais les injustices;
Mais il faut à l'offense opposer les bienfaits.
Enfin je viens chargé de paroles de paix.
975 Vivez, solennisez vos fêtes sans ombrage.
De votre obéissance elle ne veut qu'un gage.
C'est, pour l'en détourner j'ai fait ce que j'ai pu,
Cet enfant sans parents, qu'elle dit qu'elle a vu.

JOSABET

Éliacin!

MATHAN

J'en ai pour elle quelque honte.
980 D'un vain songe peut-être elle fait trop de compte;
Mais vous vous déclarez ses mortels ennemis,
Si cet enfant sur l'heure en mes mains n'est remis.
La Reine impatiente attend votre réponse.

JOSABET

Et voilà de sa part la paix qu'on nous annonce!

MATHAN

985 Pourriez-vous un moment douter de l'accepter?
D'un peu de complaisance est-ce trop l'acheter?

JOSABET

J'admirais si Mathan, dépouillant l'artifice,
Avait pu de son cœur surmonter l'injustice,
Et si de tant de maux le funeste inventeur
990 De quelque ombre de bien pouvait être l'auteur.

MATHAN

De quoi vous plaignez-vous? Vient-on avec furie
Arracher de vos bras votre fils Zacharie?
Quel est cet autre enfant si cher à votre amour?
Ce grand attachement me surprend à mon tour.
995 Est-ce un trésor pour vous si précieux, si rare?
Est-ce un libérateur que le ciel vous prépare?
Songez-y: vos refus pourraient me confirmer
Un bruit sourd que déjà l'on commence à semer.

JOSABET

Quel bruit?

MATHAN

Que cet enfant vient d'illustre origine,
1000 Qu'à quelque grand projet votre époux le destine.

JOSABET

Et Mathan par ce bruit qui flatte sa fureur...

MATHAN

Princesse, c'est à vous à me tirer d'erreur.
Je sais que, du mensonge implacable ennemie,
Josabet livrerait même sa propre vie,
1005 S'il fallait que sa vie à sa sincérité
Coûtât le moindre mot contre la vérité.
Du sort de cet enfant on n'a donc nulle trace?
Une profonde nuit enveloppe sa race?
Et vous-même ignorez de quels parents issu,
1010 De quelles mains Joad en ses bras l'a reçu?
Parlez, je vous écoute, et suis prêt de vous croire.
Au Dieu que vous servez, Princesse, rendez gloire.

JOSABET

Méchant, c'est bien à vous d'oser ainsi nommer
Un Dieu que votre bouche enseigne à blasphémer.
1015 Sa vérité par vous peut-elle être attestée,
Vous, malheureux, assis dans la chaire empestée
Où le mensonge règne et répand son poison,
Vous, nourri dans la fourbe et dans la trahison?

SCÈNE V: JOAD, JOSABET, MATHAN, NABAL

JOAD

Où suis-je? De Baal ne vois-je pas le prêtre?
1020 Quoi, fille de David, vous parlez à ce traître?

Vous souffrez qu'il vous parle? Et vous ne craignez pas
Que du fond de l'abîme entr'ouvert sous ses pas
Il ne sorte à l'instant des feux qui vous embrasent,
Ou qu'en tombant sur lui ces murs ne vous écrasent?
1025 Que veut-il? De quel front cet ennemi de Dieu
Vient-il infecter l'air qu'on respire en ce lieu?

MATHAN

On reconnaît Joad à cette violence.
Toutefois, il devrait montrer plus de prudence,
Respecter une reine, et ne pas outrager
1030 Celui que de son ordre elle a daigné charger.

JOAD

Hé bien, que nous fait-elle annoncer de sinistre?
Quel sera l'ordre affreux qu'apporte un tel ministre?

MATHAN

J'ai fait à Josabet savoir sa volonté.

JOAD

Sors donc de devant moi, monstre d'impiété.
1035 De toutes tes horreurs, va, comble la mesure.
Dieu s'apprête à te joindre à la race parjure,
Abiron et Dathan, Doëg, Achitophel.
Les chiens, à qui son bras a livré Jézabel,
Attendant que sur toi sa fureur se déploie,
1040 Déjà sont à ta porte et demandent leur proie.

MATHAN (*il se trouble.*)

Avant la fin du jour... on verra qui de nous...
Doit... Mais sortons, Nabal.

NABAL

Où vous égarez-vous?
De vos sens étonnés quel désordre s'empare?
Voilà votre chemin.

SCÈNE VI: JOAD, JOSABET

JOSABET

L'orage se déclare.
1045 Athalie en fureur demande Éliacin.
Déjà de sa naissance et de votre dessein
On commence, Seigneur, à percer le mystère.
Peu s'en faut que Mathan ne m'ait nommé son père.

JOAD

Au perfide Mathan qui l'aurait révélé?
1050 Votre trouble à Mathan n'a-t-il point trop parlé?

JOSABET

J'ai fait ce que j'ai pu pour m'en rendre maîtresse.
Cependant, croyez-moi, Seigneur, le péril presse.
Réservons cet enfant pour un temps plus heureux.
Tandis que les méchants délibèrent entre eux,
1055 Avant qu'on l'environne, avant qu'on nous l'arrache,
Une seconde fois souffrez que je le cache.
Les portes, les chemins lui sont encore ouverts.
Faut-il le transporter aux plus affreux déserts?
Je suis prête. Je sais une secrète issue
1060 Par où, sans qu'on le voie, et sans être aperçue,
De Cédron avec lui traversant le torrent,
J'irai dans le désert, où jadis en pleurant,
Et cherchant comme nous son salut dans la fuite,
David d'un fils rebelle évita la poursuite.
1065 Je craindrai moins pour lui les lions et les ours...

Mais pourquoi de Jéhu refuser le secours?
Je vous ouvre peut-être un avis salutaire.
Faisons de ce trésor Jéhu dépositaire.
On peut dans ses États le conduire aujourd'hui,
1070 Et le chemin est court qui mène jusqu'à lui.
Jéhu n'a point un cœur farouche, inexorable;
De David à ses yeux le nom est favorable.
Hélas! est-il un roi si dur et si cruel,
A moins qu'il n'eût pour mère une autre Jézabel,
1075 Qui d'un tel suppliant ne plaignît l'infortune?
Sa cause à tous les rois n'est-elle pas commune?

JOAD

Quels timides conseils m'osez-vous suggérer?
En l'appui de Jéhu pourriez-vous espérer?

JOSABET

Dieu défend-il tout soin et toute prévoyance?
1080 Ne l'offense-t-on point par trop de confiance?
A ses desseins sacrés employant les humains,
N'a-t-il pas de Jéhu lui-même armé les mains?

JOAD

Jéhu, qu'avait choisi sa sagesse profonde,
Jéhu, sur qui je vois que votre espoir se fonde,
1085 D'un oubli trop ingrat a payé ses bienfaits.
Jéhu laisse d'Achab l'affreuse fille en paix,
Suit des rois d'Israël les profanes exemples,
Du vil Dieu de l'Égypte a conservé les temples.
Jéhu, sur les hauts lieux enfin osant offrir
1090 Un téméraire encens que Dieu ne peut souffrir,
N'a pour servir sa cause et venger ses injures
Ni le cœur assez droit, ni les mains assez pures.
Non, non: c'est à Dieu seul qu'il nous faut attacher.

Montrons Éliacin; et loin de le cacher,
1095 Que du bandeau royal sa tête soit ornée.
Je veux même avancer l'heure déterminée,
Avant que de Mathan le complot soit formé.

SCÈNE VII: JOAD, JOSABET, AZARIAS SUIVI DU CHŒUR ET
DE PLUSIEURS LÉVITES

JOAD

Hé bien, Azarias, le temple est-il fermé?

AZARIAS

J'en ai fait devant moi fermer toutes les portes.

JOAD

1100 N'y reste-t-il que vous et vos saintes cohortes?

AZARIAS

De ses parvis sacrés j'ai deux fois fait le tour.
Tout a fui. Tous se sont séparés sans retour,
Misérable troupeau qu'a dispersé la crainte;
Et Dieu n'est plus servi que dans la tribu sainte.
1105 Depuis qu'à Pharaon ce peuple est échappé,
Une égale terreur ne l'avait point frappé.

JOAD

Peuple lâche, en effet, et né pour l'esclavage,
Hardi contre Dieu seul! Poursuivons notre ouvrage.
Mais qui retient encor ces enfants parmi nous?

UNE DES FILLES DU CHŒUR

1110 Hé! pourrions-nous, Seigneur, nous séparer de vous?
Dans le temple de Dieu sommes-nous étrangères?
Vous avez près de vous nos pères et nos frères.

UNE AUTRE

Hélas! si, pour venger l'opprobre d'Israël,
Nos mains ne peuvent pas, comme autrefois Jahel,*
1115 Des ennemis de Dieu percer la tête impie,
Nous lui pouvons du moins immoler notre vie.
Quand vos bras combattront pour son temple attaqué,
Par nos larmes du moins il peut être invoqué.

JOAD

Voilà donc quels vengeurs s'arment pour ta querelle,
1120 Des prêtres, des enfants, ô Sagesse éternelle!
Mais si tu les soutiens, qui peut les ébranler?
Du tombeau, quand tu veux, tu sais nous rappeler.
Tu frappes et guéris. Tu perds et ressuscites.
Ils ne s'assurent point en leurs propres mérites,
1125 Mais en ton nom sur eux invoqué tant de fois,
En tes serments jurés au plus saint de leurs rois,
En ce temple où tu fais ta demeure sacrée,
Et qui doit du soleil égaler la durée.
Mais d'où vient que mon cœur frémit d'un saint effroi?
1130 Est-ce l'Esprit divin qui s'empare de moi?
C'est lui-même. Il m'échauffe. Il parle. Mes yeux s'ouvrent,
Et les siècles obscurs devant moi se découvrent.
Lévites, de vos sons prêtez-moi les accords,
Et de ses mouvements secondez les transports.

LE CHŒUR *chante au son de toute la symphonie des
instruments*

1135 Que du Seigneur la voix se fasse entendre,
Et qu'à nos cœurs son oracle divin
Soit ce qu'à l'herbe tendre
Est, au printemps, la fraîcheur du matin.

* *Jug.* c. 4.

JOAD

Cieux, écoutez ma voix. Terre, prête l'oreille.
1140 Ne dis plus, ô Jacob, que ton Seigneur sommeille.
Pécheurs, disparaissez: le Seigneur se réveille.

> (*Ici recommence la symphonie, et Joad aussitôt reprend la parole.*)

Comment en un plomb vil* l'or pur s'est-il changé?
Quel est dans le lieu saint ce pontife égorgé?†
Pleure, Jérusalem, pleure, cité perfide,
1145 Des prophètes divins malheureuse homicide.
De son amour pour toi ton Dieu s'est dépouillé.
Ton encens à ses yeux est un encens souillé.

> Où menez-vous ces enfants et ces femmes?‡

Le Seigneur a détruit la reine des cités.
1150 Ses prêtres sont captifs, ses rois sont rejetés.
Dieu ne veut plus qu'on vienne à ses solennités.
Temple, renverse-toi; cèdres, jetez des flammes.

> Jérusalem, objet de ma douleur,

Quelle main en un jour t'a ravi tous tes charmes?
1155 Qui changera mes yeux en deux sources de larmes

> Pour pleurer ton malheur?

AZARIAS

O saint temple!

JOSABET

O David!

LE CHŒUR

> Dieu de Sion, rappelle,

Rappelle en sa faveur tes antiques bontés.

> (*La symphonie recommence encore, et Joad, un moment après, l'interrompt.*)

---

* Joas.   † Zacharie.   ‡ Captivité de Babylone.

JOAD

Quelle Jérusalem nouvelle*
1160 Sort du fond du désert brillante de clartés,
Et porte sur le front une marque immortelle?
Peuples de la terre, chantez.
Jérusalem renaît plus charmante et plus belle.
D'où lui viennent de tous côtés
1165 Ces enfants qu'en son sein elle n'a point portés?†
Lève, Jérusalem, lève ta tête altière.
Regarde tous ces rois de ta gloire étonnés.
Les rois des nations, devant toi prosternés,
De tes pieds baisent la poussière.
1170 Les peuples à l'envi marchent à ta lumière.
Heureux qui pour Sion d'une sainte ferveur
Sentira son âme embrasée!
Cieux, répandez votre rosée,
Et que la terre enfante son Sauveur.

JOSABET

1175 Hélas! d'où nous viendra cette insigne faveur,
Si les rois de qui doit descendre ce Sauveur...

JOAD

Préparez, Josabet, le riche diadème
Que sur son front sacré David porta lui-même.
(*Aux lévites.*)
Et vous, pour vous armer, suivez-moi dans ces lieux
1180 Où se garde caché, loin des profanes yeux,
Ce formidable amas de lances et d'épées
Qui du sang philistin jadis furent trempées,
Et que David vainqueur, d'ans et d'honneurs chargé,
Fit consacrer au Dieu qui l'avait protégé.
1185 Peut-on les employer pour un plus noble usage?
Venez, je veux moi-même en faire le partage.

* L'Église.   † Les gentils.

SCÈNE VIII: SALOMITH, LE CHŒUR

SALOMITH

Que de craintes, mes sœurs, que de troubles mortels!
Dieu tout-puissant, sont-ce là les prémices,
Les parfums et les sacrifices
1190 Qu'on devait en ce jour offrir sur tes autels?

UNE FILLE DU CHŒUR

Quel spectacle à nos yeux timides!
Qui l'eût cru, qu'on dût voir jamais
Les glaives meurtriers, les lances homicides
Briller dans la maison de paix?

UNE AUTRE

1195 D'où vient que pour son Dieu pleine d'indifférence,
Jérusalem se tait en ce pressant danger?
D'où vient, mes sœurs, que pour nous protéger
Le brave Abner au moins ne rompt pas le silence?

SALOMITH

Hélas! dans une cour où l'on n'a d'autres lois
1200 Que la force et la violence,
Où les honneurs et les emplois
Sont le prix d'une aveugle et basse obéissance,
Ma sœur, pour la triste innocence
Qui voudrait élever sa voix?

UNE AUTRE

1205 Dans ce péril, dans ce désordre extrême,
Pour qui prépare-t-on le sacré diadème?

SALOMITH

Le Seigneur a daigné parler;
Mais ce qu'à son prophète il vient de révéler,
Qui pourra nous le faire entendre?

1210   S'arme-t-il pour nous défendre?
         S'arme-t-il pour nous accabler?

TOUT LE CHŒUR *chante*

O promesse! ô menace! ô ténébreux mystère!
Que de maux, que de biens sont prédits tour à tour!
    Comment-peut-on avec tant de colère
1215   Accorder tant d'amour?

UNE VOIX, *seule*

Sion ne sera plus. Une flamme cruelle
       Détruira tous ses ornements.

UNE AUTRE VOIX

Dieu protège Sion. Elle a pour fondements
       Sa parole éternelle.

LA PREMIÈRE

1220 Je vois tout son éclat disparaître à mes yeux.

LA SECONDE

Je vois de toutes parts sa clarté répandue.

LA PREMIÈRE

Dans un gouffre profond Sion est descendue.

LA SECONDE

     Sion a son front dans les cieux.

LA PREMIÈRE

Quel triste abaissement!

LA SECONDE

        Quelle immortelle gloire!

LA PREMIÈRE

Que de cris de douleur!

LA SECONDE

1225   Que de chants de victoire!

UNE TROISIÈME

Cessons de nous troubler. Notre Dieu quelque jour
    Dévoilera ce grand mystère.

TOUTES TROIS

Révérons sa colère;
Espérons en son amour.

UNE AUTRE

1230   D'un cœur qui t'aime,
Mon Dieu, qui peut troubler la paix?
Il cherche en tout ta volonté suprême,
    Et ne se cherche jamais.
    Sur la terre, dans le ciel même,
1235 Est-il d'autre bonheur que la tranquille paix
        D'un cœur qui t'aime?

ACTE IV

SALOMITH

D'un pas majestueux, à côté de ma mère,
Le jeune Éliacin s'avance avec mon frère.
Dans ces voiles, mes sœurs, que portent-ils tous deux?
1240 Quel est ce glaive enfin qui marche devant eux?

JOSABET, à *Zacharie*

Mon fils, avec respect posez sur cette table
De notre sainte loi le livre redoutable.
Et vous aussi, posez, aimable Éliacin,
Cet auguste bandeau près du livre divin.
1245 Lévite, il faut placer, Joad ainsi l'ordonne,
Le glaive de David auprès de sa couronne.

JOAS

Princesse, quel est donc ce spectacle nouveau?
Pourquoi ce livre saint, ce glaive, ce bandeau?
Depuis que le Seigneur m'a reçu dans son temple,
1250 D'un semblable appareil je n'ai point vu d'exemple.

JOSABET

Tous vos doutes, mon fils, bientôt s'éclairciront.

JOAS

Vous voulez essayer ce bandeau sur mon front?
Ah! Princesse, gardez d'en profaner la gloire.
Du roi qui l'a porté respectez la mémoire.
1255 Un malheureux enfant aux ours abandonné...

JOSABET, *lui essayant le diadème*

Laissez, mon fils: je fais ce qui m'est ordonné.

JOAS

Mais j'entends les sanglots sortir de votre bouche!
Princesse, vous pleurez! Quelle pitié vous touche?
Est-ce qu'en holocauste aujourd'hui présenté,
1260 Je dois, comme autrefois la fille de Jephté,
Du Seigneur par ma mort apaiser la colère?
Hélas! un fils n'a rien qui ne soit à son père.

JOSABET

Voici qui vous dira les volontés des cieux.
Ne craignez rien. Et nous, sortons tous de ces lieux.

SCÈNE II: JOAS, JOAD

JOAS, *courant dans les bras du grand prêtre*
Mon père!

JOAD

Hé bien, mon fils?

JOAS

1265   Qu'est-ce donc qu'on prépare?

JOAD

Il est juste, mon fils, que je vous le déclare.
Il faut que vous soyez instruit, même avant tous,
Des grands desseins de Dieu sur son peuple et sur vous.
Armez-vous d'un courage et d'une foi nouvelle.
1270 Il est temps de montrer cette ardeur et ce zèle
Qu'au fond de votre cœur mes soins ont cultivés,
Et de payer à Dieu ce que vous lui devez.
Sentez-vous cette noble et généreuse envie?

JOAS

Je me sens prêt, s'il veut, de lui donner ma vie.

JOAD

1275 On vous a lu souvent l'histoire de nos rois.
Vous souvient-il, mon fils, quelles étroites lois
Doit s'imposer un roi digne du diadème?

JOAS

Un roi sage, ainsi Dieu l'a prononcé lui-même,*
Sur la richesse et l'or ne met point son appui,
1280 Craint le Seigneur son Dieu, sans cesse a devant lui
Ses préceptes, ses lois, ses jugements sévères,
Et d'injustes fardeaux n'accable point ses frères.

JOAD

Mais sur l'un de ces rois s'il fallait vous régler,
A qui choisiriez-vous, mon fils, de ressembler?

JOAS

1285 David, pour le Seigneur plein d'un amour fidèle,
Me paraît des grands rois le plus parfait modèle.

JOAD

Ainsi dans leurs excès vous n'imiteriez pas
L'infidèle Joram, l'impie Ochosias?

JOAS

O mon père!

JOAD

Achevez, dites, que vous en semble?

* Deut. c. 17.

JOAS

1290 Puisse périr comme eux quiconque leur ressemble!
Mon père, en quel état vous vois-je devant moi?

JOAD, *se prosternant à ses pieds*

Je vous rends le respect que je dois à mon roi.
De votre aïeul David, Joas, rendez-vous digne.

JOAS

Joas? Moi?

JOAD

Vous saurez par quelle grâce insigne,
1295 D'une mère en fureur Dieu trompant le dessein,
Quand déjà son poignard était dans votre sein,
Vous choisit, vous sauva du milieu du carnage.
Vous n'êtes pas encore échappé de sa rage.
Avec la même ardeur qu'elle voulut jadis
1300 Perdre en vous le dernier des enfants de son fils,
A vous faire périr sa cruauté s'attache,
Et vous poursuit encor sous le nom qui vous cache.
Mais sous vos étendards j'ai déjà su ranger
Un peuple obéissant et prompt à vous venger.
1305   Entrez, généreux chefs des familles sacrées,
Du ministère saint tour à tour honorées.

SCÈNE III: JOAS, JOAD, AZARIAS, ISMAËL, ET LES TROIS
AUTRES CHEFS DES LÉVITES

JOAD *continue*

Roi, voilà vos vengeurs contre vos ennemis.
Prêtres, voilà le roi que je vous ai promis.

AZARIAS

Quoi? c'est Éliacin?

ISMAËL

Quoi? cet enfant aimable...

JOAD

1310 Est des rois de Juda l'héritier véritable,
Dernier-né des enfants du triste Ochosias,
Nourri, vous le savez, sous le nom de Joas.
De cette fleur si tendre et sitôt moissonnée
Tout Juda, comme vous, plaignant la destinée,
1315 Avec ses frères morts le crut enveloppé.
Du perfide couteau comme eux il fut frappé.
Mais Dieu du coup mortel sut détourner l'atteinte,
Conserva dans son cœur la chaleur presque éteinte,
Permit que des bourreaux trompant l'œil vigilant,
1320 Josabet dans son sein l'emportât tout sanglant,
Et n'ayant de son vol que moi seul pour complice,
Dans le temple cachât l'enfant et la nourrice.

JOAS

Hélas! de tant d'amour et de tant de bienfaits,
Mon père, quel moyen de m'acquitter jamais?

JOAD

1325 Gardez pour d'autres temps cette reconnaissance.
Voilà donc votre roi, votre unique espérance.
J'ai pris soin jusqu'ici de vous le conserver.
Ministres du Seigneur, c'est à vous d'achever.
Bientôt de Jézabel la fille meurtrière,
1330 Instruite que Joas voit encor la lumière,
Dans l'horreur du tombeau viendra le replonger.
Déjà, sans le connaître, elle veut l'égorger.
Prêtres saints, c'est à vous de prévenir sa rage.
Il faut finir des Juifs le honteux esclavage,
1335 Venger vos princes morts, relever votre loi,

Et faire aux deux tribus reconnaître leur roi.
L'entreprise, sans doute, est grande et périlleuse.
J'attaque sur son trône une reine orgueilleuse,
Qui voit sous ses drapeaux marcher un camp nombreux
1340 De hardis étrangers, d'infidèles Hébreux.
Mais ma force est au Dieu dont l'intérêt me guide.
Songez qu'en cet enfant tout Israël réside.
Déjà ce Dieu vengeur commence à la troubler.
Déjà, trompant ses soins, j'ai su vous rassembler.
1345 Elle nous croit ici sans armes, sans défense.
Couronnons, proclamons Joas en diligence.
De là, du nouveau prince intrépides soldats,
Marchons en invoquant l'arbitre des combats,
Et réveillant la foi dans les cœurs endormis,
1350 Jusque dans son palais cherchons notre ennemie.
      Et quels cœurs si plongés dans un lâche sommeil,
Nous voyant avancer dans ce saint appareil,
Ne s'empresseront pas à suivre notre exemple?
Un roi que Dieu lui-même a nourri dans son temple,
1355 Le successeur d'Aaron de ses prêtres suivi,
Conduisant au combat les enfants de Lévi,
Et dans ces mêmes mains des peuples révérées,
Les armes au Seigneur par David consacrées?
Dieu sur ses ennemis répandra sa terreur.
1360 Dans l'infidèle sang baignez-vous sans horreur.
Frappez et Tyriens, et même Israélites.
Ne descendez-vous pas de ces fameux lévites
Qui lorsqu'au Dieu du Nil le volage Israël
Rendit dans le désert un culte criminel,
1365 De leurs plus chers parents saintement homicides,
Consacrèrent leurs mains dans le sang des perfides,
Et par ce noble exploit vous acquirent l'honneur
D'être seuls employés aux autels du Seigneur?
      Mais je vois que déjà vous brûlez de me suivre.

1370 Jurez donc avant tout sur cet auguste livre,
     A ce roi que le ciel vous redonne aujourd'hui,
     De vivre, de combattre, et de mourir pour lui.

AZARIAS

     Oui, nous jurons ici pour nous, pour tous nos frères,
     De rétablir Joas au trône de ses pères,
1375 De ne poser le fer entre nos mains remis,
     Qu'après l'avoir vengé de tous ses ennemis.
     Si quelque transgresseur enfreint cette promesse,
     Qu'il éprouve, grand Dieu, ta fureur vengeresse;
     Qu'avec lui ses enfants, de ton partage exclus,
1380 Soient au rang de ces morts que tu ne connais plus.

JOAD

     Et vous, à cette loi, votre règle éternelle,
     Roi, ne jurez-vous pas d'être toujours fidèle?

JOAS

     Pourrais-je à cette loi ne me pas conformer?

JOAD

     O mon fils, de ce nom j'ose encor vous nommer,
1385 Souffrez cette tendresse, et pardonnez aux larmes
     Que m'arrachent pour vous de trop justes alarmes.
     Loin du trône nourri, de ce fatal honneur,
     Hélas! vous ignorez le charme empoisonneur.
     De l'absolu pouvoir vous ignorez l'ivresse,
1390 Et des lâches flatteurs la voix enchanteresse.
     Bientôt ils vous diront que les plus saintes lois,
     Maîtresses du vil peuple, obéissent aux rois;
     Qu'un roi n'a d'autre frein que sa volonté même;
     Qu'il doit immoler tout à sa grandeur suprême;
1395 Qu'aux larmes, au travail, le peuple est condamné,

Et d'un sceptre de fer veut être gouverné;
Que s'il n'est opprimé, tôt ou tard il opprime.
Ainsi de piège en piège, et d'abîme en abîme,
Corrompant de vos mœurs l'aimable pureté,
1400 Ils vous feront enfin haïr la vérité,
Vous peindront la vertu sous une affreuse image.
Hélas! ils ont des rois égaré le plus sage.
    Promettez sur ce livre, et devant ces témoins,
Que Dieu fera toujours le premier de vos soins;
1405 Que sévère aux méchants, et des bons le refuge,
Entre le pauvre et vous, vous prendrez Dieu pour juge,
Vous souvenant, mon fils, que caché sous ce lin,
Comme eux vous fûtes pauvre, et comme eux orphelin.

JOAS

Je promets d'observer ce que la loi m'ordonne.
1410 Mon Dieu, punissez-moi si je vous abandonne.

JOAD

Venez: de l'huile sainte il faut vous consacrer.
Paraissez, Josabet: vous pouvez vous montrer.

SCÈNE IV: JOAS, JOAD, JOSABET, ZACHARIE, AZARIAS, ETC., SALOMITH, LE CHŒUR

JOSABET, *embrassant Joas*

O Roi, fils de David!

JOAS

O mon unique mère!
Venez, cher Zacharie, embrasser votre frère.

JOSABET, *à Zacharie*

1415 Aux pieds de votre roi prosternez-vous, mon fils.

JOAD, *pendant qu'ils s'embrassent*

Enfants, ainsi toujours puissiez-vous être unis!

JOSABET, *à Joas*

Vous savez donc quel sang vous a donné la vie?

JOAS

Et je sais quelle main sans vous me l'eût ravie.

JOSABET

De votre nom, Joas, je puis donc vous nommer.

JOAS

1420 Joas ne cessera jamais de vous aimer.

LE CHŒUR

Quoi? c'est là...

JOSABET

C'est Joas.

JOAD

Écoutons ce lévite.

SCÈNE V: JOAS, JOAD, JOSABET, ETC., UN LÉVITE

UN LÉVITE

J'ignore contre Dieu quel projet on médite.
Mais l'airain menaçant frémit de toutes parts.
On voit luire des feux parmi des étendards;
1425 Et sans doute Athalie assemble son armée.
Déjà même au secours toute voie est fermée.
Déjà le sacré mont, où le temple est bâti,
D'insolents Tyriens est partout investi.

L'un d'eux, en blasphémant, vient de nous faire entendre
1430 Qu'Abner est dans les fers, et ne peut nous défendre.

JOSABET, *à Joas*

Cher enfant, que le ciel en vain m'avait rendu,
Hélas! pour vous sauver j'ai fait ce que j'ai pu.
Dieu ne se souvient plus de David votre père.

JOAD, *à Josabet*

Quoi? vous ne craignez pas d'attirer sa colère
1435 Sur vous et sur ce roi si cher à votre amour?
Et quand Dieu, de vos bras l'arrachant sans retour,
Voudrait que de David la maison fût éteinte,
N'êtes-vous pas ici sur la montagne sainte
Où le père des Juifs* sur son fils innocent
1440 Leva sans murmurer un bras obéissant,
Et mit sur un bûcher ce fruit de sa vieillesse,
Laissant à Dieu le soin d'accomplir sa promesse,
Et lui sacrifiant avec ce fils aimé
Tout l'espoir de sa race en lui seul renfermé?
1445   Amis, partageons-nous. Qu'Ismaël en sa garde
Prenne tout le côté que l'orient regarde;
Vous, le côté de l'ourse; et vous, de l'occident;
Vous, le midi. Qu'aucun, par un zèle imprudent,
Découvrant mes desseins, soit prêtre, soit lévite,
1450 Ne sorte avant le temps, et ne se précipite;
Et que chacun enfin, d'un même esprit poussé,
Garde en mourant le poste où je l'aurai placé.
L'ennemi nous regarde en son aveugle rage
Comme de vils troupeaux réservés au carnage,
1455 Et croit ne rencontrer que désordre et qu'effroi.
Qu'Azarias partout accompagne le Roi.

* Abraham.

(A Joas.)

Venez, cher rejeton d'une vaillante race,
Remplir vos défenseurs d'une nouvelle audace.
Venez du diadème à leurs yeux vous couvrir,
1460 Et périssez du moins en roi, s'il faut périr.

(A un lévite.)

Suivez-le, Josabet. Vous, donnez-moi ces armes.
Enfants, offrez à Dieu vos innocentes larmes.

SCÈNE VI: SALOMITH, LE CHŒUR

TOUT LE CHŒUR *chante*

Partez, enfants d'Aaron, partez.
Jamais plus illustre querelle
1465 De vos aïeux n'arma le zèle.
Partez, enfants d'Aaron, partez.
C'est votre roi, c'est Dieu pour qui vous combattez.

UNE VOIX, *seule*

Où sont les traits que tu lances,
Grand Dieu, dans ton juste courroux?
1470 N'es-tu plus le Dieu jaloux?
N'es-tu plus le Dieu des vengeances?

UNE AUTRE

Où sont, Dieu de Jacob, tes antiques bontés?
Dans l'horreur qui nous environne,
N'entends-tu que la voix de nos iniquités?
1475 N'es-tu plus le Dieu qui pardonne?

TOUT LE CHŒUR

Où sont, Dieu de Jacob, tes antiques bontés?

UNE VOIX, *seule*

C'est à toi que dans cette guerre
Les flèches des méchants prétendent s'adresser.

«Faisons, disent-ils, cesser
1480   Les fêtes de Dieu sur la terre.
De son joug importun délivrons les mortels.
Massacrons tous ses saints. Renversons ses autels.
        Que de son nom, que de sa gloire
        Il ne reste plus de mémoire.
1485 Que ni lui ni son Christ ne règnent plus sur nous.»

TOUT LE CHŒUR

Où sont les traits que tu lances,
Grand Dieu, dans ton juste courroux?
N'es-tu plus le Dieu jaloux?
N'es-tu plus le Dieu des vengeances?

UNE VOIX, *seule*

1490   Triste reste de nos rois,
Chère et dernière fleur d'une tige si belle,
Hélas! sous le couteau d'une mère cruelle
Te verrons-nous tomber une seconde fois?
Prince aimable, dis-nous si quelque ange au berceau
1495 Contre tes assassins prit soin de te défendre;
        Ou si dans la nuit du tombeau
La voix du Dieu vivant a ranimé ta cendre.

UNE AUTRE

D'un père et d'un aïeul contre toi révoltés,
Grand Dieu, les attentats lui sont-ils imputés?
1500 Est-ce que sans retour ta pitié l'abandonne?

LE CHŒUR

Où sont, Dieu de Jacob, tes antiques bontés?
N'es-tu plus le Dieu qui pardonne?

UNE DES FILLES DU CHŒUR, *sans chanter*

Chères sœurs, n'entendez-vous pas
Des cruels Tyriens la trompette qui sonne?

SALOMITH

1505 J'entends même les cris des barbares soldats,
Et d'horreur j'en frissonne.
Courons, fuyons; retirons-nous
A l'ombre salutaire
Du redoutable sanctuaire.

ACTE V

SALOMITH

1510 Cher Zacharie, hé bien? Que nous apprenez-vous?

ZACHARIE

Redoublez au Seigneur votre ardente prière.
Peut-être nous touchons à notre heure dernière.
Pour l'horrible combat, ma sœur, l'ordre est donné.

SALOMITH

Que fait Joas?

ZACHARIE

Joas vient d'être couronné.
1515 Le grand prêtre a sur lui répandu l'huile sainte.
O ciel! dans tous les yeux quelle joie était peinte
A l'aspect de ce roi racheté du tombeau!
Ma sœur, on voit encor la marque du couteau.
On voit paraître aussi sa fidèle nourrice,
1520 Qui, cachée en un coin de ce vaste édifice,
Gardait ce cher dépôt, et n'avait de ses soins
Que les yeux de ma mère et que Dieu pour témoins.
Nos lévites pleuraient de joie et de tendresse,
Et mêlaient leurs sanglots à leurs cris d'allégresse.
1525 Lui, parmi ces transports, affable et sans orgueil,
A l'un tendait la main, flattait l'autre de l'œil,
Jurait de se régler par leurs avis sincères,
Et les appelait tous ses pères ou ses frères.

SALOMITH

Ce secret au dehors est-il aussi semé?

ZACHARIE

1530 Ce secret dans le temple est encor renfermé.
Des enfants de Lévi la troupe partagée
Dans un profond silence aux portes s'est rangée.
Tous doivent à la fois précipiter leurs pas
Et crier pour signal: «Vive le roi Joas!»
1535 Mais mon père défend que le Roi se hasarde,
Et veut qu'Azarias demeure pour sa garde.
Cependant Athalie, un poignard à la main,
Rit des faibles remparts de nos portes d'airain.
Pour les rompre, elle attend les fatales machines,
1540 Et ne respire enfin que sang et que ruines.
Quelques prêtres, ma sœur, ont d'abord proposé
Qu'en un lieu souterrain par nos pères creusé
On renfermât du moins notre arche précieuse.
«O crainte, a dit mon père, indigne, injurieuse!
1545 L'arche, qui fit tomber tant de superbes tours,
Et força le Jourdain de rebrousser son cours,
Des Dieux des nations tant de fois triomphante,
Fuirait donc à l'aspect d'une femme insolente?»
Ma mère, auprès du Roi, dans un trouble mortel,
1550 L'œil tantôt sur ce prince et tantôt vers l'autel,
Muette, et succombant sous le poids des alarmes,
Aux yeux les plus cruels arracherait des larmes.
Le Roi de temps en temps la presse entre ses bras,
La flatte... Chères sœurs, suivez toutes mes pas;
1555 Et s'il faut aujourd'hui que notre roi périsse,
Allons, qu'un même sort avec lui nous unisse.

SALOMITH

Quelle insolente main frappe à coups redoublés?
Qui fait courir ainsi ces lévites troublés?
Quelle précaution leur fait cacher leurs armes?
Le temple est-il forcé?

ZACHARIE

1560   Dissipez vos alarmes.
Dieu nous envoie Abner.

SCÈNE II: ABNER, JOAD, JOSABET, ZACHARIE, SALOMITH,
ISMAËL, DEUX LÉVITES, ETC.

JOAD

                    En croirai-je mes yeux,
Cher Abner? Quel chemin a pu jusqu'en ces lieux
Vous conduire au travers d'un camp qui nous assiège?
On disait que d'Achab la fille sacrilège
1565 Avait, pour assurer ses projets inhumains,
Chargé d'indignes fers vos généreuses mains.

ABNER

Oui, Seigneur, elle a craint mon zèle et mon courage.
Mais c'est le moindre prix que me gardait sa rage.
Dans l'horreur d'un cachot par son ordre enfermé,
1570 J'attendais que, le temple en cendres consumé,
De tant de flots de sang non encore assouvie,
Elle vînt m'affranchir d'une importune vie,
Et retrancher des jours qu'aurait dû mille fois
Terminer la douleur de survivre à mes rois.

JOAD

1575 Par quel miracle a-t-on obtenu votre grâce?

ABNER

Dieu dans ce cœur cruel sait seul ce qui se passe.
Elle m'a fait venir, et d'un air égaré:
«Tu vois de mes soldats tout ce temple entouré,
Dit-elle. Un feu vengeur va le réduire en cendre;
1580 Et ton Dieu contre moi ne le saurait défendre.
Ses prêtres toutefois, mais il faut se hâter,
A deux conditions peuvent se racheter:
Qu'avec Éliacin on mette en ma puissance
Un trésor dont je sais qu'ils ont la connaissance,
1585 Par votre roi David autrefois amassé,
Sous le sceau du secret au grand prêtre laissé.
Va, dis-leur qu'à ce prix je leur permets de vivre.»

JOAD

Quel conseil, cher Abner, croyez-vous qu'on doit suivre?

ABNER

Et tout l'or de David, s'il est vrai qu'en effet
1590 Vous gardiez de David quelque trésor secret,
Et tout ce que des mains de cette reine avare
Vous avez pu sauver et de riche et de rare,
Donnez-le. Voulez-vous que d'impurs assassins
Viennent briser l'autel, brûler les chérubins,
1595 Et portant sur notre arche une main téméraire,
De votre propre sang souiller le sanctuaire?

JOAD

Mais siérait-il, Abner, à des cœurs généreux
De livrer au supplice un enfant malheureux,
Un enfant que Dieu même à ma garde confie,
1600 Et de nous racheter aux dépens de sa vie?

Hélas! Dieu voit mon cœur. Plût à ce Dieu puissant
Qu'Athalie oubliât un enfant innocent,
Et que du sang d'Abner sa cruauté contente
Crût calmer par ma mort le ciel qui la tourmente!
1605 Mais que peuvent pour lui vos inutiles soins?
Quand vous périrez tous, en périra-t-il moins?
Dieu vous ordonne-t-il de tenter l'impossible?
Pour obéir aux lois d'un tyran inflexible,
Moïse, par sa mère au Nil abandonné,
1610 Se vit, presque en naissant, à périr condamné;
Mais Dieu le conservant contre toute espérance,
Fit par le tyran même élever son enfance.
Qui sait ce qu'il réserve à votre Éliacin,
Et si lui préparant un semblable destin,
1615 Il n'a point de pitié déjà rendu capable
De nos malheureux rois l'homicide implacable?
Du moins, et Josabet, comme moi, l'a pu voir,
Tantôt à son aspect je l'ai vu s'émouvoir.
J'ai vu de son courroux tomber la violence.
1620 Princesse, en ce péril vous gardez le silence?
Hé quoi? pour un enfant qui vous est étranger
Souffrez-vous que sans fruit Joad laisse égorger
Vous, son fils, tout ce peuple, et que le feu dévore
Le seul lieu sur la terre où Dieu veut qu'on l'adore?
1625 Que feriez-vous de plus, si des rois vos aïeux
Ce jeune enfant était un reste précieux?

JOSABET, *tout bas à Joad*

Pour le sang de ses rois vous voyez sa tendresse.
Que ne lui parlez-vous?

JOAD

Il n'est pas temps, Princesse.

ABNER

Le temps est cher, Seigneur, plus que vous ne pensez.
1630 Tandis qu'à me répondre ici vous balancez,
Mathan près d'Athalie étincelant de rage
Demande le signal et presse le carnage.
Faut-il que je me jette à vos sacrés genoux?
Au nom du lieu si saint qui n'est ouvert qu'à vous,
1635 Lieu terrible où de Dieu la majesté repose,
Quelque dure que soit la loi qu'on vous impose,
De ce coup imprévu songeons à nous parer.
Donnez-moi seulement le temps de respirer.
Demain, dès cette nuit, je prendrai des mesures
1640 Pour assurer le temple et venger ses injures.
Mais je vois que mes pleurs et que mes vains discours
Pour vous persuader sont un faible secours.
Votre austère vertu n'en peut être frappée.
Hé bien! trouvez-moi donc quelque arme, quelque épée,
1645 Et qu'aux portes du temple, où l'ennemi m'attend,
Abner puisse du moins mourir en combattant.

JOAD

Je me rends. Vous m'ouvrez un avis que j'embrasse.
De tant de maux, Abner, détournons la menace.
Il est vrai, de David un trésor est resté.
1650 La garde en fut commis à ma fidélité.
C'était des tristes Juifs l'espérance dernière,
Que mes soins vigilants cachaient à la lumière.
Mais puisqu'à votre reine il faut le découvrir,
Je vais la contenter, nos portes vont s'ouvrir.
1655 De ses plus braves chefs qu'elle entre accompagnée;
Mais de nos saints autels qu'elle tienne éloignée
D'un ramas d'étrangers l'indiscrète fureur.
Du pillage du temple épargnez-moi l'horreur.
Des prêtres, des enfants lui feraient-ils quelque ombre?

1660 De sa suite avec vous qu'elle règle le nombre.
Et quant à cet enfant si craint, si redouté,
De votre cœur, Abner, je connais l'équité.
Je vous veux devant elle expliquer sa naissance.
Vous verrez s'il le faut remettre en sa puissance,
1665 Et je vous ferai juge entre Athalie et lui.

ABNER

Ah! je le prends déjà, Seigneur, sous mon appui.
Ne craignez rien. Je cours vers celle qui m'envoie.

SCÈNE III: JOAD, JOSABET, ISMAËL, ZACHARIE, ETC.

JOAD

Grand Dieu, voici ton heure, on t'amène ta proie.
Ismaël, écoutez.
(Il lui parle à l'oreille.)

JOSABET

Puissant maître des cieux,
1670 Remets-lui le bandeau dont tu couvris ses yeux,
Lorsque lui dérobant tout le fruit de son crime,
Tu cachas dans mon sein cette tendre victime.

JOAD

Allez, sage Ismaël, ne perdez point de temps.
Suivez de point en point ces ordres importants.
1675 Surtout qu'à son entrée et que sur son passage
Tout d'un calme profond lui présente l'image.
Vous, enfants, préparez un trône pour Joas.
Q'il s'avance suivi de nos sacrés soldats.
Faites venir aussi sa fidèle nourrice,
1680 Princesse, et de vos pleurs que la source tarisse.
(A un lévite.)

Vous, dès que cette reine, ivre d'un fol orgueil,
De la porte du temple aura passé le seuil,
Qu'elle ne pourra plus retourner en arrière,
Prenez soin qu'à l'instant la trompette guerrière
1685 Dans le camp ennemi jette un subit effroi.
Appelez tout le peuple au secours de son roi;
Et faites retentir jusques à son oreille
De Joas conservé l'étonnante merveille.
Il vient.

SCÈNE IV: JOAS, JOAD, JOSABET,
TROUPES DE PRÊTRES ET DE LÉVITES, ETC.

JOAD *continue*

Lévites saints, prêtres de notre Dieu,
1690 Partout, sans vous montrer, environnez ce lieu;
Et laissant à mes soins gouverner votre zèle,
Pour paraître attendez que ma voix vous appelle.
(*Ils se cachent tous.*)
Roi, je crois qu'à vos vœux cet espoir est permis,
Venez voir à vos pieds tomber vos ennemis.
1695 Celle dont la fureur poursuivit votre enfance
Vers ces lieux à grands pas pour vous perdre s'avance.
Mais ne la craignez point. Songez qu'autour de vous
L'ange exterminateur est debout avec nous.
Montez sur votre trône, et... Mais la porte s'ouvre:
1700 Permettez un moment que ce voile vous couvre.
(*Il tire un rideau.*)
Vous changez de couleur, Princesse?

JOSABET

Ah! sans pâlir,
Puis-je voir d'assassins le temple se remplir?
Quoi? ne voyez-vous pas quelle nombreuse escorte...

JOAD

Je vois que du saint temple on referme la porte.
Tout est en sûreté.

SCÈNE V: ATHALIE, JOAS, *caché derrière le rideau*, JOAD,
JOSABET, ABNER, SUITE D'ATHALIE

ATHALIE, *à Joad*

1705   Te voilà, séducteur,
De ligues, de complots pernicieux auteur,
Qui dans le trouble seul as mis tes espérances,
Éternel ennemi des suprêmes puissances.
En l'appui de ton Dieu tu t'étais reposé.
1710 De ton espoir frivole es-tu désabusé?
Il laisse en mon pouvoir et son temple et ta vie.
Je devrais sur l'autel, où ta main sacrifie,
Te... Mais du prix qu'on m'offre il faut me contenter.
Ce que tu m'as promis, songe à l'exécuter.
1715 Cet enfant, ce trésor, qu'il faut qu'on me remette,
Où sont-ils?

JOAD

Sur-le-champ tu seras satisfaite:
Je te les vais montrer l'un et l'autre à la fois.
            (*Le rideau se tire.*)
Paraissez, cher enfant, digne sang de nos rois.
Connais-tu l'héritier du plus saint des monarques,
1720 Reine? De ton poignard connais du moins ces marques.
Voilà ton roi, ton fils, le fils d'Ochosias.
Peuples, et vous, Abner, reconnaissez Joas.

ABNER

Ciel!

ATHALIE, *à Joad*

Perfide!

JOAD

Vois-tu cette Juive fidèle,
Dont tu sais bien qu'alors il suçait la mamelle?
1725 Il fut par Josabet à ta rage enlevé.
Ce temple le reçut, et Dieu l'a conservé.
Des trésors de David voilà ce qui me reste.

ATHALIE

Ta fourbe à cet enfant, traître, sera funeste.
D'un fantôme odieux, soldats, délivrez moi.

JOAD

1730 Soldats du Dieu vivant, défendez votre roi.

> (*Ici le fond du théâtre s'ouvre. On voit le
> dedans du temple, et les lévites armés
> sortent de tous côtés sur la scène.*)

ATHALIE

Où suis-je? O trahison! ô reine infortunée!
D'armes et d'ennemis je suis environnée.

JOAD

Tes yeux cherchent en vain, tu ne peux échapper,
Et Dieu de toutes parts a su t'envelopper.
1735 Ce Dieu que tu bravais en nos mains t'a livrée.
Rends-lui compte du sang dont tu t'es enivrée.

ATHALIE

Quoi? la peur a glacé mes indignes soldats?
Lâche Abner, dans quel piège as-tu conduit mes pas?

ABNER

Reine, Dieu m'est témoin...

ATHALIE

Laisse là ton Dieu, traître,
Et venge-moi.

ABNER, *se jetant aux pieds de Joas*

1740   Sur qui? Sur Joas! sur mon maître!

ATHALIE

Lui Joas? lui ton roi? Songez, méchants, songez
Que mes armes encor vous tiennent assiégés.
J'entends à haute voix tout mon camp qui m'appelle.
On vient à mon secours. Tremblez, troupe rebelle.

SCÈNE VI: ISMAËL, JOAS, JOAD, ATHALIE, ETC.

ISMAËL, *à Joad*

1745 Seigneur, le temple est libre et n'a plus d'ennemis.
L'étranger est en fuite, et le Juif est soumis.
Comme le vent dans l'air dissipe la fumée,
La voix du Tout-Puissant a chassé cette armée.
Nos lévites, du haut de nos sacrés parvis,
1750 D'Ochosias au peuple ont annoncé le fils,
Ont conté son enfance au glaive dérobée,
Et la fille d'Achab dans le piège tombée.
Partout en même temps la trompette a sonné;
Et ses sons et leurs cris dans son camp étonné
1755 Ont répandu le trouble et la terreur subite
Dont Gédéon frappa le fier Madianite.
Les Tyriens, jetant armes et boucliers,
Ont par divers chemins disparu les premiers.
Quelques Juifs éperdus ont aussi pris la fuite;

1760 Mais de Dieu sur Joas admirant la conduite,
  Le reste à haute voix s'est pour lui déclaré.
  Enfin d'un même esprit tout le peuple inspiré,
  Femmes, vieillards, enfants, s'embrassant avec joie,
  Bénissent le Seigneur et celui qu'il envoie.
1765 Tous chantent de David le fils ressuscité.
  Baal est en horreur dans la sainte cité.
  De son temple profane on a brisé les portes.
  Mathan est égorgé.

ATHALIE

    Dieu des Juifs, tu l'emportes!
  Oui, c'est Joas, je cherche en vain à me tromper.
1770 Je reconnais l'endroit où je le fis frapper.
  Je vois d'Ochosias et le port et le geste.
  Tout me retrace enfin un sang que je déteste.
  David, David triomphe. Achab seul est détruit.
  Impitoyable Dieu, toi seul as tout conduit.
1775 C'est toi qui, me flattant d'une vengeance aisée,
  M'as vingt fois en un jour à moi-même opposée,
  Tantôt pour un enfant excitant mes remords,
  Tantôt m'éblouissant de tes riches trésors,
  Que j'ai craint de livrer aux flammes, au pillage.
1780 Qu'il règne donc ce fils, ton soin et ton ouvrage;
  Et que pour signaler son empire nouveau,
  On lui fasse en mon sein enfoncer le couteau.
  Voici ce qu'en mourant lui souhaite sa mère.
  Que dis-je, souhaiter? je me flatte, j'espère
1785 Qu'indocile à ton joug, fatigué de ta loi,
  Fidèle au sang d'Achab, qu'il a reçu de moi,
  Conforme à son aïeul, à son père semblable,
  On verra de David l'héritier détestable
  Abolir tes honneurs, profaner ton autel,
1790 Et venger Athalie, Achab et Jézabel.

JOAD

Qu'à l'instant hors du temple elle soit emmenée,
Et que la sainteté n'en soit point profanée.
Allez, sacrés vengeurs de vos princes meurtris,
De leur sang par sa mort faire cesser les cris.
1795 Si quelque audacieux embrasse sa querelle,
Qu'à la fureur du glaive on le livre avec elle.

SCÈNE VII: JOAS, JOAD, JOSABET, ABNER, ETC.

JOAS

Dieu, qui voyez mon trouble et mon affliction,
Détournez loin de moi sa malédiction,
Et ne souffrez jamais qu'elle soit accomplie.
1800 Faites que Joas meure avant qu'il vous oublie.

JOAD, *aux lévites*

Appelez tout le peuple, et montrons-lui son roi;
Qu'il lui vienne en ses mains renouveler sa foi.
Roi, prêtres, peuple, allons, pleins de reconnaissance,
De Jacob avec Dieu confirmer l'alliance,
1805 Et saintement confus de nos égarements,
Nous rengager à lui par de nouveaux serments.
Abner, auprès du Roi reprenez votre place.
Hé bien? de cette impie a-t-on puni l'audace?

SCÈNE DERNIÈRE: UN LÉVITE, JOAS, JOAD, ETC.

UN LÉVITE

Le fer a de sa vie expié les horreurs.
1810 Jérusalem, longtemps en proie à ses fureurs,
De son joug odieux à la fin soulagée,
Avec joie en son sang la regarde plongée.

JOAD

Par cette fin terrible, et due à ses forfaits,
Apprenez, roi des Juifs, et n'oubliez jamais
1815 Que les rois dans le ciel ont un juge sévère,
L'innocence un vengeur, et l'orphelin un père.

APPENDIX A

... mais il n'y avait plus d'espérance qu'aucun de la race d'Ochosias pût régner,

Parce qu'Athalie, sa mère, voyant que son fils était mort, fit tuer tout ce qui restait de la maison royale de Joram.

Néanmoins Josabet, fille du roi, prit Joas, fils d'Ochosias, et le déroba du milieu des enfants du roi, lorsqu'on les massacra; et elle le cacha, lui et sa nourrice, dans la chambre des lits; et Josabet, qui l'avait caché, était fille de Joram, femme du pontife Joïada, et soeur d'Ochosias; c'est pourquoi Athalie ne le fit point
10 mourir.

Joas fut donc caché avec les prêtres, dans la maison de Dieu, durant les six années qu'Athalie régna sur le pays.

Or, la septième année, Joïada, animé d'un nouveau courage, choisit les centeniers Azarias, fils de Jéroham; Ismahel, fils de Johanan; Azarias, fils d'Obed; Maasias, fils d'Adaïas, et Élisaphat, fils de Zechri, et fit un traité avec eux.

Et comme ils parcouraient toute la Judée, ils assemblèrent les lévites de toutes les villes de Juda, et les chefs de toutes les familles d'Israël, et ils se rendirent à Jérusalem.

20 Toute cette multitude fit donc un traité dans le temple avec le roi; et Joïada leur dit: Voici le fils du roi; il régnera, selon ce que le Seigneur a prononcé en faveur de tous les descendants de David.

Voici ce que vous devez faire:

Un tiers d'entre vous, prêtres, lévites, et portiers, qui venez pour faire votre semaine dans le temple, gardera les portes; le second tiers se placera vers le palais du roi, et le troisième à la porte que l'on nomme du Fondement; le reste du peuple se tiendra dans le parvis de la maison du Seigneur.

30   Que personne autre n'entre dans la maison du Seigneur, que les prêtres, et les lévites qui sont en fonction; il n'y entrera que ceux-là, parce qu'ils sont sanctifiés. Le reste du peuple gardera la maison du Seigneur.

Que les lévites entourent en armes la personne du roi; et si quelque autre entrait dans le temple, qu'on le tue; qu'ils accompagnent toujours le roi, soit qu'il entre, soit qu'il sorte.

Les lévites et tout Juda exécutèrent tout ce que le pontife Joïada leur avait ordonné; tous prirent les gens qui étaient sous eux, tant ceux qui venaient à leur rang faire leur semaine, que 40 ceux qui l'avaient faite et qui sortaient de service; parce que le pontife Joiada n'avait point permis aux troupes qui devaient se succéder chaque semaine, de se retirer.

Le grand prêtre Joïada donna à tous les centeniers les lances et les boucliers grands et petits du roi David, qu'il avait consacrés dans la maison du Seigneur.

Et il rangea tout le peuple l'épée à la main devant l'autel, depuis le côté droit du temple jusqu'au côté gauche, tout autour du roi.

Ensuite ils amenèrent le fils du roi, et lui mirent la couronne 50 sur la tête. Ils le revêtirent des ornements de sa dignité, et lui mirent dans la main le livre de la loi, et le déclarèrent roi. Le grand prêtre Joïada, assisté de ses enfants, le sacra; et tous lui souhaitant un heureux règne, se mirent à crier: Vive le roi!

Lorsque Athalie eut entendu la voix du peuple qui courait et qui bénissait le roi, elle vint vers ce peuple dans le temple du Seigneur.

Et dès qu'elle eut vu le roi debout sur une estrade, à entrée du temple, et les princes et les troupes autour de lui, et tout le peuple 60 qui, dans la joie, sonnait de la trompette, et jouait de toutes sortes d'instruments, et qu'elle eut entendu les voix de ceux qui chantaient les louanges du roi, elle déchira ses vêtements, et s'écria: Trahison! trahison!

Or le pontife Joïada, s'avançant vers les centeniers et les chefs de l'armée, leur dit: Tirez-la hors de l'enceinte du temple; et lorsqu'elle sera dehors, percez-la de vos épées. Mais il leur recommanda surtout de ne pas la tuer dans la maison du Seigneur.

Ils la saisirent donc par le cou; et lorsqu'elle fut entrée dans la porte des chevaux de la maison du roi, ils la tuèrent en cet 70 endroit.

Joïada fit une alliance entre lui, tout le peuple et le roi, afin qu'ils fussent à l'avenir le peuple du Seigneur.

C'est pourquoi tout le peuple entra dans le temple de Baal, et le détruisit; il brisa toutes ses images et ses autels, et tua devant l'autel Mathan, prêtre de Baal.

Joïada établit aussi des officiers pour la garde du temple du Seigneur, qui dépendraient des prêtres et des lévites, selon la distribution que David en avait faite, afin qu'ils offrissent des holocaustes au Seigneur, comme il est écrit dans la loi de Moïse, 80 avec joie et avec des cantiques, ainsi que David l'avait ordonné.

Il plaça encore des portiers aux portes de la maison du Seigneur, afin que nul, souillé de quelque impureté que ce fût, n'y put entrer.

Ensuite il prit les centeniers, et les braves et les premiers du peuple, avec tout le reste de la multitude; et ils firent descendre le roi de la maison du Seigneur, le conduisirent dans son palais, le firent passer par la grande porte, et le mirent sur le trône royal.

Tout le peuple fut dans la joie, et la ville en paix. Or l'on fit mourir Athalie par l'épée.

90   (2 Chronicles xxii. 9–xxiii [end] in the translation of Port-Royal)

APPENDIX B

REMARQUES SUR 'ATHALIE'

THESE notes are among the manuscripts of Racine preserved in the Bibliothèque Nationale. They may have been made with a view to the composition of the Preface (see note to l. 1749). The main themes which interest Racine here are all of importance for *Athalie*: Joas's place in the line of David, from which the Messiah was to come, sacred parallels to justify Joad's ruse and the questions of idolatry and apostasy. They give an idea of the very considerable biblical and patristic knowledge underlying *Athalie*.

Nul Israélite ne pouvait être roi qu'il ne fût de la maison de David et de la race de Salomon. Et c'est de cette race qu'on attendait le Messie. *Talmud.**

Les Septante, aux *Paralipomènes*, disent que Joïada entreprit de rétablir Joas à la huitième année.

Depuis le meurtre de Zacharie, *Sanguis attigit sanguinem*, l'État des Juifs a toujours été en dépérissant. (Voyez Lichf. tome II, p. 361) *Gladius vester exedit prophetas vestros*, p. 363.

Lichfot dit que tout se fit par les prêtres et par les lévites.

Promesse de l'éternité du trône en faveur de Salomon. II *Reg.* cap. vii, vers. 13 et I *Paralip.* cap. xvii, vers. 12 et seq.

Psaume LXXI tout en faveur de Salomon. *Psaumes: Dixit Dominus, Misericordias*, et *Memento*. Et I *Paralip.* cap. xxviii.

Jechonias eut Assir, Assir eut Salathiel, et celui-ci Zorobabel. Quand Jérémie appelle Jechonias *virum sterilem*, c'est-à-dire: *dont les enfants n'ont point régné*. Car le même Jérémie parle ailleurs de la postérité de Jechonias.

* *Lich.* t. II.

* Monsieur de Meaux appelle Joas *précieux reste de la maison de David.*

20   † Athalie voulut qu'il ne restât pas un seul de la maison de David, et elle crut avoir exécuté son dessein. Il n'en resta qu'un seul, qui était le fils d'Ochosias.

M. d'And. Voilà le seul qui vous reste de la maison de David.

II *Paralip.* chap. xxi. *Joram occidit omnes fratres suos gladio... Noluit autem Dominus disperdere domum David, propter pactum, etc., et quia promiserat ut daret ei lucernam et filiis ejus omni tempore.*

Si ces promesses n'avaient été faites à la race de Salomon,
30 Dieu n'avait qu'à mettre sur le trône les enfants de Nathan.

Le P. R.‡—Josabet conserva Joas, et Dieu le permit pour empêcher que la race de David ne fût éteinte.

Solvite templum hoc, etc., pour justifier l'équivoque du grand prêtre, si on l'attaque.

Zacharie, fils de Joad, est nommé prophète.

Les Ismaélites étaient idolâtres et fort attachés à leurs faux dieux. *Jerem.* chap. ii. *In Cedar mittite et considerate... si mutavit gens deos suos, et ipsi non sunt dii.*

Octo annorum§ erat Josias cum regnare coepisset: et triginta et
40 *uno anno regnavit in Jerusalem: fecitque quod erat rectum in conspectu Domine, et ambulavit in viis David patris sui,* etc.

Joachim, fils de Joakim, lequel était fils de Josias.

Octo annorum erat Joachin‖ cum regnare coepisset, et tribus mensibus ac decem diebus regnavit in Jerusalem: fecitque malum in conspectu Domini. Dans les *Rois,* il a dix-huit ans.

Temple. IN DOMO HAC *et in Jerusalem... ponam nomen meum in sempiternum.* II *Paralip.* xxxiii.

Prêtres apostats. Mathan. Voy. *Ezech.* chap. viii, *idolâtrie des prêtres.*
50   *Ad iracundiam me provocaverunt ipsi, et reges eorum, et sacer-*

* p. 27.   † Joseph.   ‡ p. 636.   § *Huit années.*   ‖ Jechonias.

dotes eorum... Ædificaverunt excelsa Baal. Jérém. chap. xxxii, vers. 32 et 35.

Nota: *Et in prophetis Jerusalem vidi similitudinem adulterantium.* Jérém. chap. xxiii, vers. 14.

Vers. 27. *Qui volunt facere ut obliviscatur populus nominis mei..., sicut obliti sunt patres eorum nominis mei propter Baal.*

Jérém. chap. viii. *Ejicient ossa regum Juda,... et ossa sacerdotum et ossa prophetarum... Et expandent ea ad solem et lunam et omnem militiam coeli quae... adoraverunt,* etc.

Les Juifs appelaient aussi Dieu leur père. Moïse dit: *Vous avez abandonné le Dieu qui vous a engendrés.* Et Malachie: *Il n'y a qu'un Dieu et un père de nous tous.* Mais en priant ils ne disaient point: *Père.* Si quelques-uns l'ont fait, ç'a été par un instinct particulier. Saint Chrysostome sur *Abba pater.*

Un roi s'appelle *Joachin,* un grand prêtre *Joachim* ou *Éliachim.*

Du haut de nos sacrés parvis. On fit monter saint Jacques, frère du Seigneur, au haut du temple pour y déclarer à tout le peuple ses sentiments sur Jésus-Christ. Et aussitôt tous ses ennemis y montèrent en foule pour l'en précipiter.

Équivoque de Joad. 1° *Solvite templum hoc.* 2° Martyre de saint Laurent, à qui le juge demanda les trésors de l'Église. *A quo quum quaererentur thesauri Ecclesiae, promisit demonstraturum se. Sequenti die pauperes duxit. Interrogatus ubi essent thesauri quos promiserat, ostendit pauperes, dicens:* HI SUNT THESAURI ECCLESIAE... *Laurentius pro singulari suae interpretationis vivacitate sacram martyrii accepit coronam.* (Saint Ambroise, *de Officiis*).

Dans Prudence, saint Laurent demande du temps pour calculer toute la somme.

Saint Augustin même, si ennemi du mensonge, loue ce mot de saint Laurent: *Hae sunt divitiae Ecclesiae.* (*Sermon* cciii.)

Dieu dit à Moïse: «Dites à Pharaon: *Dimitte populum meum, ut sacrificet mihi in deserto.*» Et chap. viii, Pharaon répond: *Ego dimittam vos ut sacrificetis Domino Deo vestro in deserto. Verum-*

tamen longius ne abeatis. Dieu a trompé exprès Pharaon. *Synops.* Une autre fois, Pharaon dit: «Sacrifiez ici.» Moïse répond: «Nos victimes sont vos dieux.» *Abominationes Ægyptiorum immolabimus domino.* Donc Dieu voulait faire sortir le peuple tout à fait, et Pharaon ne l'entendait pas ainsi.

NOTES

THE notes on language deal only with the more important differences between seventeenth-century French and present-day French. For more detailed linguistic study the following works are recommended:

G. Cayrou, *Le Français classique, lexique de la langue du XVIIe siècle*, Paris, 1948.

J. Dubois and R. Lagane, *Dictionnaire de la langue française classique*, Paris, 1960.

E. Littré, *Dictionnaire de la langue française*, reissue, Paris, 1957–8.

F. Brunot, *Histoire de la langue française*, Vol. IV, Paris, 1939.

E. Haase, *Französische Syntax des XVII. Jahrhunderts*, Leipzig, 1888 (*Syntaxe française du XVIIe siècle*, tr. Obert, Paris, 1916).

M. Grammont, *Petit Traité de versification française*, 6th ed., Paris, 1928.

M. Souriau, *L'Évolution du vers français au XVIIe siècle*, Paris, 1893.

The following abbreviations are used in the notes:

Fur. A. Furetière, *Dictionnaire universel*, 1690.
Acad. *Dictionnaire de l'Académie Française*, 1694.
Rich. P. C. Richelet, *Dictionnaire français*, 1680.
Haase *Französische Syntax des XVII. Jahrhunderts*, 1888.

PRÉFACE

This preface was written for the first publication of the play in March 1691. Unlike Racine's other prefaces it preceded public performance of the play and is therefore less concerned with answering criticism, though it does anticipate certain possible objections; like the prefaces to the non-religious plays, it shows Racine's concern for historical respectability (particularly important here, when it was a question of fidelity to the Scriptures). It is valuable as an indication of what Racine thought were some of the more important aspects of his play, particularly its religious significance.

 1 *Tout le monde sait que...* This is no longer true today (and indeed Racine speaks later in the preface of 'ceux à qui l'histoire de l'Ancien Testament ne sera pas assez présente'). It is important to have the historical and dynastic setting clear in one's mind when reading *Athalie*, which is a play about dynasties. The books of Kings and Chronicles provide all the necessary material. See Introduction, p. 18, for a family tree.

14–15 *une tribu fort nombreuse.* 1 Chronicles xxiii. 3–5 shows the total number of levites in David's reign as 38,000. In *Athalie* the number of levites actually in the temple is quite small (they are commanded by five centurions), as it must be for the restoration of Joas to seem miraculous (see ll. 209–26).

28 *pains de proposition.* 'Shew-bread', loaves displayed in the temple and renewed each sabbath.

31–33 John Lightfoot (1602–75), the English theologian whose work Racine knew, had spoken of this tradition. This continuity is very important if *Athalie* is to be more than a somewhat meaningless episode in Jewish history. See reference in ll. 1438–44.

34–43 This paragraph, uneasy and unsatisfactory, hints at the ambiguity of a play which oscillates between tragedy and triumphal hymn. Many of Racine's earlier plays bear titles which do not reflect their real centre of interest, e.g. *Britannicus*, of which Racine says in his preface: 'Ma tragédie n'est pas moins la disgrâce d'Agrippine que la mort de Britannicus'. In *Britannicus* as in *Athalie* he chooses for his title the name of a character who is killed, but this was by no means the rule (see for example *Andromaque*).

62 *Élie.* Elijah.

74–75 *Paralipomènes.* The books of Chronicles. Notice Racine's anxiety to show his sources; accuracy was particularly important in the treatment of a biblical story. See his *Remarques*, Appendix B above.

75 *Sévère Sulpice.* Sulpicius Severus (A.D. c. 365–c. 425), author of the *Chronica*, a sacred history from the beginning of the world to his own time. His compilation was used as a text-book for some 150 years after its republication in 1556.

79 *un enfant de cet âge.* The appearance of a child in a serious play was rare (though not without precedent) in seventeenth-century France (see H. C. Lancaster, *A History of French Dramatic Literature in the Seventeenth Century*, Part IV, vol. I, p. 309).

87 *l'expression de Saint Paul.* It is thought that this is a reference to 2 Timothy iii. 15: 'and that from a child thou hast known the holy scriptures'. Racine refers to this Jewish custom again in l. 664; he is however repeating an incorrect tradition, for the Bible does not state that kings had to write out the Law twice.

92 *un prince de huit ans et demi.* The Duc de Bourgogne, Louis XIV's grandson, who had been receiving his precocious education mainly from Fénelon and the Duc de Beauvilliers.

98 *la vraisemblance.* In the poetics of classical tragedy *vraisemblance* or verisimilitude was more important than truth, because an audience, it was claimed, would accept more readily what was likely than what was true but unlikely. For an account of this theory see R. Bray, *La Formation de la doctrine classique en France*. Racine, unlike Corneille, was unswerving in his loyalty to the doctrine. See for

instance his preface to *Bérénice*: 'Il n'y a que le vraisemblable qui touche dans la tragédie'.

102 *plusieurs commentateurs*. Here again we can see a trace of Racine's conscientious preparation for *Athalie*; in his *Remarques sur Athalie* (see Appendix B) we read, 'Lichfot [Lightfoot] dit que tout se fit par les prêtres et les lévites'. Modern commentators suggest that in fact foreign troops were used in the restoration of Joas, as 2 Kings xi leads us to understand, but Racine follows the possibly less accurate but more pious version of 2 Chronicles xxiii, which fits in better with his dogmatic intentions (see below, p. 187).

104 *Josèphe*. Flavius Josephus (A.D. 37–95?), Jewish historian. His work *The Jewish Antiquities* deals with the events of *Athalie* and is one of Racine's main sources.

106 *centeniers*. 'Centurions'.

109–11 The action transcends the dynastic quarrel and involves the whole fate of humanity through the coming of the Messiah.

113–14 *l'illustre et savant prélat*. This, as Racine says in his note, is Bossuet, Bishop of Meaux, whose *Discours sur l'histoire universelle* provided not only this quotation but also much of the theological framework of *Athalie*; the term 'précieux reste de la maison de David', noted by Racine in his *Remarques sur Athalie* (Appendix B above, is a recurring theme of the play.

116–18 See 2 Chronicles xxi. 7: 'Howbeit the Lord would not destroy the house of David, because of the covenant that he had made with David and as he promised to give a light to him and to his sons for ever.' Racine copies this out in his *Remarques* (see p. 142).

127 ... *les chants du chœur*. See for instance ll. 1188–90. As often Racine understates his case in this paragraph. The spring feast of renewal and sacrifice seems uniquely suited to a drama which is built round the renewal of life in what appeared to be a withered tree (l. 140). See J. C. Lapp, 'Racine's Symbolism', *Yale French Studies*, 1952, pp. 40–45.

133 *cette continuité d'action*. Racine speaks in the preface to *Esther* of his long-felt desire 'de lier, comme dans les anciennes tragédies grecques, le chœur et le chant avec l'action, et d'employer à chanter les louanges du vrai Dieu cette partie du chœur que les païens employaient à chanter les louanges de leurs fausses divinités'. Ideally *Athalie* should probably be performed without any interval. On the chorus see Introduction, pp. 37–39.

137 *On me trouvera peut-être un peu hardi*. In an age when professional actors were excommunicated it was naturally not always thought proper for sacred matters to be put on the stage. Such different authorities as the advocate of the theatre d'Aubignac (in his *Pratique du théâtre*, ed. Martino, pp. 326–30) and its severe critic Bossuet were united in their hostility to religious drama, though both make an

exception in favour of school plays, the genre to which *Athalie* belongs. But even this did not protect it from the hostility of some puritans (see Introduction, pp. 28–30).

143–1 See John xi. 51. The reference is to Caiaphas. Racine did not follow Lightfoot on this point.

145–8 Racine does not answer for us the nagging question: does Joad remember and understand what he predicts in his prophecy? Mrs. A. Barnes discusses this point in her article 'La Próphétie de Joad' in *The French Mind, Studies in Honour of Gustave Rudler*. See also notes to ll. 1132, 1384–1408, 1416 and Introduction, pp. 35–36.

161–3 See 1 Samuel x. 5.

165 *Adducite me psaltem*. 'Bring me a minstrel' (2 Kings iii. 15). 'Elisée' is the prophet Elishah.

165–8 This final sentence shows us the Racine of the secular tragedies, always conscious of the need for dramatic excitement and the production of emotion. The word *trouble* (meaning 'anxiety' or 'disorder') is used thirteen times in *Athalie*.

NOMS DES PERSONNAGES

On the relationship of the characters and their ancestry see Introduction, p. 18, where the English equivalents for their names will for the most part be found. The number of characters is much greater than in the average play of Racine and betrays a move towards the spectacular. Abner, Salomith, Azarias, Ismaël, Nabal and Agar are Racine's inventions, though their names are mostly biblical.

Note that Josabet is the sister of the dead Ochosias and therefore potentially (to judge from the Bible) the daughter of Athalie. Racine avoids this embarrassing situation and makes it clear that she is only her stepdaughter (see l. 171 and preface, l. 68). This was the opinion of certain biblical commentators; it is found for instance in the *Synopsis Criticorum* (I, p. 649), which Racine consulted, and in the notes to the Port-Royal translation of the Old Testament. Moreover it is only in Chronicles, which is a less reliable source than Kings, that we learn that Josabet was Joad's wife, but this was clearly necessary to Racine from a dramatic point of view.

Note the precision of the description of the scene; we are far here from the traditional *palais à volonté* of French Classical tragedy. On the significance of the temple setting see Introduction, p. 26.

ACTE I

SCÈNE I

Although this scene is obviously one of exposition (e.g. ll. 31–36), it should be noted that this exposition goes far beyond what is necessary for the understanding of the immediate issue, painting a broad and vivid backcloth to the action. The scene sets a general tone of solemn ritual (produced largely by the length of speeches and the use of symmetrical constructions [e.g. ll. 61–64]), but it is nevertheless full of emotion and vigorous persuasion. It calls for vigorous and sonorous declamation, not for chanting.

The central issue, after the initial expository speeches, is that of Jehovah's alliance with his people; throughout the play his promises are doubted and mocked at by his enemies and upheld by his supporters. In the end providence is justified and the true way is shown to doubting Abner. Joad, as we see here, never has any doubt.

1 *l'Éternel.* The first of a long series of periphrases (mainly biblical) by which God is described in *Athalie*; see for instance in this scene ll. 11, 20, 61, 126. In addition to such expressions the word *Dieu* itself appears 148 times in *Athalie*. See J. G. Cahen, *Le Vocabulaire de Racine*, pp. 157–9.

2 *solennel.* 'Célébré chaque année avec des cérémonies publiques et extraordinaires' (Littré).

3 *la fameuse journée.* It should not be forgotten that the action takes place on the day of Pentecost, a festival of renewed fertility. There is a ritual solemnity about the sacrifice of Athalie, which is needed to restore the house of David. Pentecost is also, as Abner says here, the celebration of the giving of the Law, by virtue of which the cause of David is just and the cause of Ahab impious. There is a splendidly confident rhythm, the rhythm of lawful prosperity, about Abner's evocation of former Pentecosts, particularly in ll. 2–4, 5–12.

4 *Sina.* Racine uses the two forms, *Sina* and *Sinaï.*

6 *La trompette sacrée.* A discreet piece of local colour. See Numbers x. 8–10.

13 *une femme.* Athalie is first mentioned indirectly; in various references to her much is made of the fact that she is a woman. See ll. 395–8, 747, 876, 1546.

14 A rather excessively neat chiasmus pinpoints the change. In this and the next two lines the inversion of the normal sentence order adds solemnity to the dialogue; see also ll. 5–11, in which there are five inversions.

17 *fatal.* Furetière gives for this word the meaning: 'qui doit arriver nécessairement', but it also means 'portending disaster' and is

frequently used with no precise meaning to convey an ominous atmosphere (like *funeste*, l. 23).

18 *Baal*. Pronounced as two syllables. Baal was a name given to various gods of the Hebrews' neighbours, though the Bible lumps them contemptuously into one. The 'central' Baal was a sun-god.

24 *ne dépouille les restes*. *Dépouiller* means 'to take off', a typically Racinian metaphor of the stripping away of disguise which accompanies tragic action. At the end of his nostalgic speech Abner moves on to his main point, the danger to Joad; crisis point is approaching.

26–30 Lines such as these bring home the possible application of *Athalie* to the situation of the Jansenists at Port-Royal. See Introduction, p. 19–20.

28 *tiare*. The priest's headdress is known alternatively as 'la tiare' or 'la mitre' (l. 39).

32 *Josabet, votre fidèle épouse*. Appositions such as this and 'Mathan, ce prêtre sacrilège' (l. 35) give an added formality to the language of this scene.

33–34 Lines which are useful for exposition, but otherwise hard to defend.

37 Note that Mathan's apostasy is an invention of Racine's. See Introduction, p. 22.

41–42 This at any rate tallies with what Mathan himself says (ll. 955–62). Both he and Athalie are obsessed by the God they have deserted. It has been suggested that there are here echoes of Racine's own experience as the ungrateful child of Port-Royal. It would be safer to see something of Racine in Abner, the man who is torn between palace and temple ('il rend à la fois / Ce qu'il doit à son Dieu, ce qu'il doit à ses rois' [ll. 457–8]).

43 *ressorts*. 'Moyen dont on se sert pour faire réussir quelque dessein, quelque affaire' (*Acad.*).

46 This powerful image is one among many metaphors of disguise suggesting the deceitfulness of Joad's opponents; Joad himself is not of course above reproach. *Colorer* means 'donner une belle apparence à quelque chose de mauvais' (*Acad.*).

48 Racine's problem in dramatic terms is to get Athalie into Joad's hands; here he is providing her in advance with a motive for entering the temple in Act V.

50 *des trésors par David amassés*. The ambiguous use of the word *trésor*, meaning both Joas and material treasure, is essential to Joad's subterfuge and is often repeated (see ll. 995, 1068, 1584, 1649, 1715, 1727, 1778).

51–52 Athalie's lapse from her normal implacable confidence is insisted on; we are reminded of Phèdre's 'trouble'. *Superbe* means 'orgueilleux, arrogant' (*Acad.*). *Chagrin* has a stronger meaning than in modern French.

56 A hint which relies on the audience's knowledge of the biblical story.

58 *prêt d'éclater.* Seventeenth-century authors use *prêt de* in something approaching the sense of *près de* ('on the point of') (*Haase*, para. 112). We also find the modern *prêt à* in *Athalie* (e.g. ll. 198, 642).

59 Athalie has already been described as woman and queen; most important of all, she is the daughter of Ahab and Jezebel and therefore a hereditary enemy of Jehovah. Her ancestry is underlined in numerous periphrases of this sort: see ll. 272, 1086, 1329, 1564, 1752.

60 Once again Abner has moved from a general picture of the situation, described this time in more threatening terms, to the suggestion that a crisis is imminent. His warnings help to spark off Joad's action.

61–64 These stately and symmetrical lines were much admired by Boileau, who saw in them a modern example of the 'sublime' (*Réflexions sur Longin*, 12th Réflexion) and by many subsequent critics. After this initial statement of his unchanging position, Joad moves on swiftly to his practical business, the winning over of Abner. The rest of his speech is a fine example of the well-organized rhetoric of persuasion.

61 A probable biblical source for this line is Psalm lxxxix. 9: 'Thou rulest the raging of the sea'.

65 *officieux.* 'Prompt à faire service, serviable' (*Acad.*).

71 The rhetorical question gives force to what is essentially a *sententia* or maxim. Joad combines faith and works.

72–76 This long sentence enumerates the charges against Athalie: she is a foreign usurper, a murderess and parricide and above all an enemy of Jehovah.

77–82 Exposition. For the incidents referred to see Racine's preface and the books of Kings and Chronicles.

84 *comme.* Modern French would have *comment.* The distinction was not clearly made in the seventeenth century (*Haase*, para. 43).

84–92 Joad has no hesitation in seeing himself as the voice of God; this device (known in rhetoric as *prosopopoeia*) is frequently found in contemporary sermons. Notice the effectiveness of the series of short interrogative sentences (ll. 85–88).

88 There are several biblical sources for this line, e.g. Psalm l. 13: 'Will I eat the flesh of bulls, or drink the blood of goats?' Note that the bulls (or bullocks, Isaiah i. 11) have been replaced by rather more decorous heifers in Racine.

89 *sang.* One of the key words of this barbaric play; the word is used thirty-five times. Blood calls for blood and it is only through bloodletting and human sacrifice that Judah can be made clean. In Genesis iv. 10 God says to Cain: 'The voice of thy brother's blood crieth unto me from the ground.'

94 Benjamin and Judah were the two tribes which made up the kingdom of Judah. *Vertu* means 'force, vigueur, tant du corps que de l'âme' (*Fur.*).

95   *vit éteindre.* Seventeenth-century usage allowed the reflexive pronoun
      to be dropped where it would be needed in modern French (*Haase*,
      para. 61). *Leur roi:* the 1691 edition has 'leurs rois'—either is
      possible.

97–103 Abner answers Joad's *prosopopoeia* with another, raising the
      agonizing central question of providence, which had recently been
      treated by Bossuet in his *Discours sur l'histoire universelle.*

104 Fertility is constantly opposed to sterility in *Athalie.* The rhymes
      which bridge the two speeches give added force to Joad's refutation
      of defeatism.

106–8 These lines recall several biblical passages; see in particular Isaiah
      xlii. 20 and Matthew xiii. 14.

109–28 This speech, with its long enumeration of God's miracles in a
      magnificent series of participial clauses (such as we find in *Phèdre*
      ll. 77–90), serves at the same time to persuade Abner and on a less
      immediate level to set the story of Athalie in a wider setting of the
      constant working of providence.

113–14 See 1 Kings xxi–xxii. The field is Naboth's vineyard.

115–18 See 2 Kings ix. 30–37. Ahab and particularly Jezebel, who pre-
      figures Athalie's fate, are constantly present in this play; Ahab is
      mentioned by name nine times, Jezebel ten times. Jezebel's mangled
      bloody corpse surrounded by dogs is a central image of the fate of
      the ungodly.

119–20 See 1 Kings xviii. 19–40. This episode too ends with the massacre
      of the servants of Baal.

121–3 See 1 Kings xvii–xviii.

123 See 2 Kings iv. 32–7. *Se ranimants* is a verbal, not an adjectival form
      and would therefore be invariable in modern French, but in the
      seventeenth-century usage was fluid (*Haase*, para. 91).

127 *éclater.* 'Devenir public, avec bruit et scandale' (*Acad.*).

129–36 In Abner's reply the reference is now not merely to providence,
      but more specifically to the promise of a Messiah, whose coming
      depends on the preservation of the line of David through the
      restoration of Joas. Notice in this speech the noble symmetry of l. 133
      and the concluding line (beginning with *et*) which may be compared
      to the conclusion of the previous speech. Biblical allusions are
      numerous here; see Racine's *Remarques sur Athalie*, reproduced in
      Appendix B.

130 *fils.* The final consonants were not sounded in the seventeenth
      century.

139–40 Again the reference is to fertility. Judah is a withered tree unless
      it can be brought back to life through God's action in the preserving
      of Joas. One might perhaps compare with Ezekiel's vision of the
      valley of dry bones (Ezekiel xxxvii.)

145–52 Abner's reply moves from an emotion which is formally conveyed through exclamation and the breaking off of a sentence to a more measured pessimism which is expressed in the typically Racinian apposition of l. 149.

149 *déplorable*. 'Digne de compassion, de pitié' (*Acad.*).

151 See Kings ix. 27 for the death of Ahaziah.

152 See 2 Kings xi. 1.

153 *l'astre du jour*. A periphrasis for the sun which was frequent in the elevated style. This lengthy form of expression has the stiff nobility befitting a High Priest. Note that the action conforms rigorously to the unity of time.

159 Joad only appears in full high-priest's vestments later in the play.

161 The audience shares Abner's perplexity, expressed in what appears to be an aside.

164 *la pompe solennelle*. Words admirably suited to the action of the play. *Pompe* means 'appareil magnifique' (*Acad.*) and has no pejorative overtones. On *solennel* see note to l. 2.

SCÈNE II

The second scene of the play enlightens the puzzled spectator about the survival of Joas, sets the action in motion—on the prompting of Abner—and provides in the person of the gentle Josabet a foil to the harsh Joad. There is indeed something almost mechanical in the constant contrast between her womanly tears and his manly resolution.

165 *Princesse*. The language of family life is as formal as that of public life in Racine; here, as elsewhere, husband and wife address one another as *Princesse* and *Seigneur*.

166 *heureux larcin*. This oxymoron (joining two words whose meaning would normally be contradictory) is a stylistic device contributing to the elegance which was expected in classical tragedy.
ne se peut plus celer. The pronoun object is placed sometimes before the auxiliary verb and sometimes between the auxiliary and the infinitive in seventeenth-century French. Often euphony decided; here Racine is avoiding 'se celer' (*Haase*, para. 154).

167–9 Joad is above all disturbed, like Bossuet, that God's promises are called in question by the ungodly. He had finished the previous dialogue by reassuring Abner on this score (ll. 157–8). *Accuse*; the 1697 edition actually has *accusent*, an obvious mistake.

171 *injuste marâtre*. *Marâtre* is the old word for step-mother. The same expression is used of Phèdre, only one of the many similarities we may observe between the two characters.

173–4 The 'heureux larcin' is explained at last.

176 This line prepares us for Joas's ability to answer Athalie's questions in Act II, scene 6. See Racine's preface, ll. 78–98.

178 See Proverbs viii. 15: 'By me kings reign'.

182 *Éliacin*. This name is to be found in the Bible but it is not given to Joas.

186 *prêt de rentrer*. See note to l. 58.

187 *s'étonne*. This word means etymologically 'to be thunderstruck', hence 'to give way to fear'.

199 *Abner, le brave Abner*. He too, like 'l'illustre Josabet' and 'l'impur Achab', is characterized in the simple manner of the Homeric poems. See also l. 206.

201–2 Joad remains completely calm in contrast to Josabet's nervous questioning.

202 *encor*. The 'e' of *encore* could be dropped to meet the demands of prosody; this happens frequently in *Athalie*.

205–8 A brief appearance of stichomythia, the use of several single-line speeches in succession, which had formed an important weapon in the arsenal of Renaissance dramatic rhetoric and which we find occupying a whole scene of 40 lines in Corneille's comedy *La Suivante* (Act III, scene 2). It contrasts with the long well-organized tirades which make up the body of Classical drama. See note to ll. 622–70.

213 We are never allowed to forget that Joas is the last hope of the house of David (see also ll. 1326, 1651); more than this, David appears frequently as a model and example from which Joas is destined to fall away (something like Augustus in *Britannicus*). David is mentioned by name thirty-eight times in *Athalie*.

214 *quelque... brûler*. Modern usage would demand 'de quelque... qu'ils puissent brûler'.

215 *querelle*. 'L'intérêt d'autrui quand on en prend la défense' (*Fur.*).

219 *ses fiers étrangers*. These are Athalie's Tyrian guards, an invention of Racine's; if the play is seen as an allegorical treatment of the contemporary English political situation, these troops would represent the Dutch soldiers of William of Orange (see Introduction, pp. 20–22). *Fier* means here 'cruel, barbare' (*Acad.*).

220 The temple is a central symbol of *Athalie*, standing not only for the house of David but perhaps also for the Kingdom of Heaven and the salvation of the elect. Within its walls the godly are safe from the ungodly; it appears vulnerable, but thanks to the effect of God's promises it is impregnable. One may note that the word *temple* is used in the first line of the play and in all fifty-three times. See J. D. Hubert, *Essai d'exégèse racinienne*, pp. 242–4.

224–5 Notice the frequency of the dagger image in *Athalie*; *poignard* appears five times, *fer* eight times, *couteau* four times and *glaive* seven times. The knife seems to threaten Joas, but is turned against the apparent aggressor Athalie, who becomes the sacrificial victim of those who 'n'ont jamais versé que le sang des victimes'. As Joad's next speech suggests, there is no squeamishness (and not much humanity) about the play.

226–34 Here is the litany of the God of war, who casts down the mighty from their seat and exalts the humble and meek; he is also the vengeful tribal God, hostile above all to the God of Ahab.

228 *éclater*. See note to l. 127.

229 *tyrans* has the sense of 'usurpers'.

235–40 The paradox of *Athalie* is that Joas, by whom mankind's salvation must come, is still through his grandmother allied to the 'odieuse race' of the damned. Racine was much preoccupied with hereditary evil or original sin (see for instance his treatment of Néron's ancestry in *Britannicus* [ll. 35–39] and that of the heroine in *Phèdre* [ll. 249–58]). He wrote a *cantique spirituel* soon after *Athalie* which begins:

> Mon Dieu, quelle guerre cruelle!
> Je trouve deux hommes en moi.

The only answer to the dilemma lies in divine grace (l. 240).

241–54 The language works in *récits* of this sort to create some of the vividness which is lost in a predominantly verbal theatre. Note the emphasis on memory (ll. 242, 248), the adjectives, the varied sentence length, and the change of tenses (ll. 247, 251) which effects a change from the tableau to the narration of action.

244 *l'implacable Athalie*. Another 'Homeric' epithet (see note to l. 199), putting Athalie in the same category as 'l'implacable Agrippine' of *Britannicus*, perhaps because both names have the same number of syllables.

255–64 From *récit*, Josabet moves to prayer, a prayer which is echoed by Joad's invocation of God (ll. 283–94).

259 *une reine homicide*. This periphrasis gives Athalie the stature of a type of humanity. There are many similar examples, e.g. l. 1338.

256 God is reminded again and again of his promises to David's line (see l. 263).

265–8 Joad calmly and paternally expounds the truth to Josabet, preaching a more merciful God than the God of Exodus xx. 5. His optimism concerning Joad is unjustified however.

267 *recherche*. *Rechercher* means 'to punish for'.

271–2 Here for the first time we see the two contestants, the house of Ahab and the house of David, clearly opposed in an antithesis which is heightened by symmetrical form.

274 *sang* means of course 'family' here.

277 *Deux infidèles rois*. Joas's grandfather and father, Joram and Ochosias.

282 See the quotation from 2 Chronicles xxi in note to preface, ll. 116–18. The metaphor of the torch comes together here with the metaphors of fertility (ll. 285–6).

277–82 A striking statement of the importance of the clergy which seriously limits absolutist doctrines. Lines such as this made Joad a *bête noire* of Voltaire (see Introduction, p. 31) and of Stendhal, who wrote that *Athalie* 'est souverainement immorale en ce qu'elle autorise le prêtre à se soulever contre l'autorité' (*Correspondance*, ed. Divan, I, p. 100).

283–94 Joad's prayer shows God clearly in control of the action, although in fact the first half of his prayer is not answered. At this stage he links virtue with legitimacy as a condition of Joas's restoration; in fact later we see that only legitimacy counts, that Joas must be reinstated whether he is virtuous or not.

290 This antithetical line, exaggerating Joad's difficulties—and thence the extent of the miracle—sums up the frequently expressed contrast between the apparent weakness of God's forces (priests and orphans) and the apparent strength of the ungodly.

292–4 Here Joad is predicting what does in fact happen; this 'esprit d'imprudence et d'erreur' may be compared with the *hubris* which precedes the downfall of certain tragic heroes.

295 Typically, Joad descends swiftly from the noble oratorical apposition of l. 294 to abrupt practicality—only to return to a more lofty note. He moves constantly between high eloquence and effective action.

295–6 A suitably flattering description of the young ladies of Saint-Cyr. Some of Josabet's speech might equally well have suited Madame de Maintenon (ll. 299–302).

SCÈNE III

297 Notice that between mother and son too there is the formality of the *vous* form and of expressions such as that of l. 298.

299 Here and in l. 302 we see the lyrical apposition which enables Racine to break the too rigid pattern of regular alexandrines.

304 *pompeuses fêtes*. See note to l. 164. Josabet is repeating Abner's opening lamentation for the departure of former glories.

309 *je me vais préparer*. See note to l. 165.

310 Josabet's short speech not only introduces the chorus but sets the scene (ll. 307–8) and lends a certain amount of dramatic verisimilitude to the chorus's singing.

SCÈNE IV

On the chorus see Introduction, pp. 37–39. It is interesting to note the differentiation of the members of the chorus—more noticeable however in Act IV, scene 6. One may also observe the logical order underlying this song of praise and the perfect curve through which it moves from praise of God the creator, through praise of God's providence as shown in history, to praise of God the giver of perfect moral laws.

Biblical allusions are frequent here, as they are throughout the play. It is impossible—and in any case unnecessary—to mention them all in these notes; only the most obvious and significant allusions are noted.

314 The repetition of lines such as this in flexible patterns gives unity to the scene and highlights the most important points. Opera of the time has similar forms: e.g.

> Au temps heureux où l'on sait plaire
> Qu'il est doux d'aimer tendrement!
> Pourquoi dans les périls, avec empressement
> Chercher d'un vain honneur l'éclat imaginaire?
> Pour une trompeuse chimère
> Faut-il quitter un bien charmant?
> Au temps heureux où l'on sait plaire
> Qu'il est doux d'aimer tendrement!
> (Quinault, *Armide*, Act II, scene 4)

315–16 These lines may echo Racine's feelings about the situation both in England and at Port-Royal; see Introduction, pp. 19–22.

318 *Le jour annonce au jour...* See Psalm xix. 1–2.

332–9 All the details here come from Exodus xix, where God gives Moses laws on Mount Sinai. The celebration of the giving of the Law is very suitable for the Day of Pentecost, which Racine has chosen for his play; see preface, ll. 120–7.

344 *la lumière immortelle.* God's word is constantly associated with light; see also ll. 829–31.

346 *l'aimer d'une amour éternelle.* 'Amour' could be of either gender in the seventeenth century (see l. 29 where it is used in the masculine). In this chorus and in the play as a whole there is a constant tension between a god to be loved and a god to be feared; lines such as this, without going outside Old Testament possibilities, remind one also of the New Testament, but this same god who loves his children rejoices in the massacre of his enemies and the shedding of blood. These contradictions, if they are in fact contradictions, are those of the Old Testament.

351 *un joug cruel.* The captivity in Egypt.

352 *un pain délicieux.* This refers to manna; it is interesting that Racine avoids the precise term, showing little interest in local colour. On the avoidance of local colour see Cahen, *Le Vocabulaire de Racine*, pp. 153–6.

353 *il se donne lui-même.* There appears to be a reference to the Christian doctrine of the Redemption in this line. If God gives himself to his people in the Old Testament, it is only by revealing himself and giving his law.

356 *il entrouvrit les eaux.* The parting of the Red Sea; see Exodus xiv. 21–22.

357 Yet another reference to Exodus and the escape from bondage; see Exodus xvii. 8.

362 *Vous*. Here, with this direct appeal to the ungodly, we are extremely close to the sermon. The contrast between the child and the slave is common in religious writing of Racine's time.

373-4 These two lines appear for the first time in the 1697 edition. They are distinctly Jansenist in tone.

ACTE II

After an act devoted largely to exposition and prediction, Act II gives us the beginning of the action proper, the formation of the *nœud*. Note that there is no break between the different acts of *Athalie*, the chorus forming a perfectly natural transition.

SCÈNE I

375 *cantiques*. The word reminds one of Racine's own *Cantiques spirituels*, which are close in spirit and execution to the choruses of *Esther* and *Athalie*.

SCÈNE II

For the first time in the play the solemn rhythms are broken, the alexandrines dislocated by short breathless speeches. This snatch of passionate dialogue is immediately followed by the formal notes of ll. 382–3 and by the ceremonial description of ll. 384–92, in which inversion (ll. 382, 386, 388, 391) plays an essential part.

387–8 The blood-sacrifice of the day of Pentecost is emphasized.

389–92 Racine is going to almost Romantic lengths with local colour here; the *habit de lin* is attested in 2 Kings ii. 18, but the sprinkling of the congregation with blood, though it fits well with the spirit of the play, is apparently a mistake, as the Academy pointed out in its *Sentiments sur Athalie*.

391 *cependant*. 'Pendant cela, pendant ce temps-là' (*Acad.*).

393 *s'élève*. The solemnity is broken by the use of the historic present, which regularly appears in Racine's tragedies to give urgency to *récits*. Notice the varied use of tenses in the following speech.

395–6 The alexandrine is again broken (see also l. 402) to convey in a stylized manner the emotion of Zacharie. Racine at the same time creates a suspense effect by holding back Athalie's name.

398 *Cette femme superbe*. See note to l. 51. Like many heroines of classical tragedy (e.g. Cléopâtre in Corneille's *Rodogune*) Athalie gives scandal by not being content with woman's proper place.

403 *Moïse à Pharaon...* As frequently happens in *Athalie*, a reference to another part of the Old Testament (Exodus vii–xi) brings out the general significance of Joad's situation, priest against ungodly monarch.

409 *l'ange.* This angel with a sword appears more than once in the Old Testament, e.g. Numbers xxii. 31; 1 Chronicles xxi. 16 (Cahen, *Vocabulaire de Racine*, p. 156). See also l. 1698.

410 *un glaive étincelant.* This sword foreshadows the dagger of Joas in Athalie's dream (l. 513). See also note to ll. 224–5.

413–14 As in Act I, scene 1, Racine creates here a mystery which he will solve soon afterwards, an effective dramatic device.

414 *étonner.* See note to l. 187.

420 *funeste.* This is one of the words (*fatal* is another) which, repeated throughout a play, give a total impression of solemn fatality.

424 *alarmes.* 'Se dit aussi de toute sorte d'effroi, d'épouvante' (*Acad.*).

429 *Il la faut éviter.* See note to l. 165.

SCÈNE III

430–4 Agar is a total nullity, but in her speech she makes the central opposition between the temple and the palace (see Introduction, p. 26.)

435–8 Note that Athalie, after whom the play is named, does not appear until now. Compare similar and even more extreme examples in Racine's *Alexandre* and Molière's *Tartuffe*, where the hero does not appear until Act III. Athalie's entrance has been well prepared in Act I and in the previous scene, but we do not expect the weak woman we see here, a woman whose 'trouble' recalls that of Phèdre (see *Phèdre*, I. iii). Her first words are broken and all her first speech conveys an ill-mastered emotion. Both characters sit down after their first quatrain—the stage direction is identical.

438 *paix.* The word, with its religious overtones, is used twice in five lines. Like Mathan (see Act III, scene 3), Athalie the renegade is tormented by the god she has abandoned. See note to ll. 41–2.

SCÈNE IV

440 *zèle.* In seventeenth-century French this word had a more specifically religious connotation than it has today.

443 *seuls enfants d'Aaron.* The priests were all descended from Aaron.

447 Compare Agrippine: 'Moi, fille, femme, sœur et mère de vos maîtres' (*Britannicus*, I. ii. 156).

448 *étrangère.* It is important that both by descent and in her attitudes Athalie is a foreigner, a disrupting force in the rightful line.

450 *votre Mathan.* This is blunt speaking; the Academy considered the *votre* too disrespectful for a courtier, even honest Abner.

453–4 Racine lends Athalie vigorous expressions to attack the religious exclusiveness which Abner has just been propounding (ll. 445–6) and which the play vindicates. Note that in this speech she has returned to a much more regal way of speaking than in her first speech. See the same contrast in the next scene.

457–8 An obvious reminiscence of Matthew xxii. 21: 'Render therefore unto Caesar the things which are Caesar's; and unto God the things that are God's', and an admirable thumbnail sketch of Abner. All through the play he moves between the two camps, acting as a reciprocal envoy. He is loyal to Athalie for political reasons, even though she is a usurper, but when Joas is restored and there is a clear choice between David and Ahab, Jehovah and Baal, he does not hesitate (l. 1740).

SCÈNE V

464–543 Here again we have the *récit*, an oratorical set piece, alternately noble and vehement, descriptive writing giving Racine the chance to use language at its richest. The first section (ll. 465–83), a splendid justification of Athalie's political activity (all the details of which were invented by Racine), allies her to the 'political' characters of the earlier tragedies (e.g. Agrippine in *Britannicus*), whereas the second part, the dream, allies her to the 'troubled' characters (e.g. Phèdre).

466 *rendre raison du sang que j'ai versé.* She attempts to do this later in this act (ll. 709–30). For an account of these events see Racine's preface.

467 *Abner.* Note that the *récit* is ostensibly addressed to the characters who are present on stage and who will be reacting as they listen; thus here Athalie feels compelled to appeal to the judgement of the righteous man. On *le devoir faire* see note to l. 165.

470 The theme of the apparent triumph of the ungodly recurs throughout the play.

472 The use of the third person (see also l. 457) gives dignity to Athalie's speech. The 'deux mers' are the Red Sea and the Mediterranean.

474 *l'Arabe.* The singular noun (used also in the next three lines) either denotes the kings of these countries or else—a traditional metonymy —stands for the plural, creating a vivid image of a single man.

476 *vos rois.* Athalie as good as admits that she is not the rightful occupant of the throne.

478–80 Jehu, who figures prominently in the background to the play, is here given the build-up of an impressive apposition and the repetition of his name. For *fier* see note to l. 219. *Samarie* is Samaria, capital of the kingdom of Israel.

481 *un puissant voisin.* Hazael, King of Syria, also referred to in l. 477.

484 Before this line comes a pause following on the noble conclusion of the previous section. Now the voice is less majestic, more troubled and passionate (see l. 489).

487 *un songe*. The dream, one of the most powerful sections of *Athalie*, is not mentioned in Racine's sources. It is however one of the commonest devices of seventeenth-century tragedy for producing both a feeling of foreboding and a mystery to be solved. See for instance Corneille's *Polyeucte*, which follows very much the same pattern.

488 *chagrin*. See note to l. 51.

491 *Ma mère Jézabel*. In this marvellous evocation of the painted queen Racine succeeds in evoking a powerful feeling of pity for the woman who in this play stands as a symbol of ungodliness. There is much tenderness in the fleeting depiction of the relation between the mother and her daughter, both of whom are damned.

492 *pompeusement*. See note to l. 164.   *appareil magnifique*

494–6 This vivid periphrasis strengthens the emphasis on paint, colour and disguise, which stand for the pathetic fragility of the things of this world—one of the key themes of religious writing in the age of Louis XIV.

497 *fille digne de moi*. An ambiguous expression.

498 This looks forward to l. 1768 and the final triumph of Jehovah. Note that for Jezebel and Athalie (as for Voltaire) Joad's god is 'le cruel Dieu des Juifs'.

500 The dislocation of the alexandrine is effected here as often by a vocative which continues the previous line.

503–6 Another recurrent image in *Athalie*, developed to create a barbaric effect typical of the play. One does not find such gruesome vividness elsewhere in Racine; *chiens* is in fact a daring word for seventeenth-century tragedy.

508–14 This child, both innocent and murderous, is of course Joas; here we have another premonition of his future degeneration.

509 *tels*. Racine makes *tels* agree with *prêtres*, an impossible construction; the Academy criticized this as a mistake in its *Sentiments sur Athalie*.

516 *du hasard*. This is exactly what it is not for Racine; God is working his purposes out.

518 *vapeur*. 'On appelle aussi vapeur dans le corps humain les fumées qui s'élèvent de l'estomac ou du bas-ventre vers le cerveau' (*Acad.*).

520–2 The repetition of the same idea in different forms conveys Athalie's obsession with her dream images. The word *idée* has here its original meaning of 'form, image'.

525 *du repos*. This is the same as the *paix* which Athalie cannot find, spiritual peace as opposed to the political 'calme profond' (l. 473).

532 The historic present again, given greater force here by the breaking of the alexandrine and the omission of conjunctions (*asyndeton*). This is the second description of the same scene (see also ll. 384–420). The mystery is now solved, the dream explains Athalie's amazement.

544 The banality of these words suggests that Mathan the courtier is gaining time as he searches for the appropriate rhetoric. *Rapport* means 'resemblance' here.

549–55 Mathan, the wicked counsellor, belongs to a long line of Machiavellian politicians in seventeenth-century drama. This theme was indeed important in the days of absolute monarchy; it was essential to remove the origin of evil from the monarch himself to his ministers. See Racine's preface to *Phèdre*: 'J'ai cru que la calomnie avait quelque chose de trop bas et de trop noir pour la mettre dans la bouche d'une princesse qui a d'ailleurs des sentiments si nobles et si vertueux. Cette bassesse m'a paru plus convenable à une nourrice.' And in the play itself he denounces flatterers as vigorously as in *Athalie* (see *Phèdre*, IV. vi. 1320–6). The subject is suggestively treated by M. Baudin, 'The King's Minister in Seventeenth-Century French Drama', *Modern Language Notes*, 1939, pp. 94–105. On Mathan's English model see Introduction, p. 22.

550 *il se faut assurer*. See note to l. 165.

551–3 Traditional oratorical precautions. *Mesures* means 'moderation'.

557–8 Ironically, as so often in the play, the villain is right; from a worldly point of view his advice is correct.

562 *Quel il est*. Modern French would have either *qui* or *ce que* for *quel* (*Haase*, para. 41).

562–70 Nine lines of Machiavellian maxims and reasoning. *Athalie* is full of the criticism (implied here) of immoral absolutism.

571–82 Abner, who has already been protesting in a more and more impassioned way (see l. 560), appears now as a powerful orator, appealing unlike Mathan to the emotions rather than the reason. His main argument is *ad hominem*. Note the symmetry of his 'vous' and 'moi' and of the two appositions of ll. 573 and 576.

577 The image of disguise is constantly attached to Mathan and his party (see for instance l. 46). Abner by contrast makes profession of bluntness (l. 579).

583 *Je le veux croire*. See note to l. 165.

583–7 In the middle of these cross-currents of persuasion Athalie remains calm with her short sentences, undecided, waiting. *Préoccuper:* 'Prévenir l'esprit de quelqu'un en lui donnant quelque impression qu'il est difficile de lui ôter' (*Acad.*).

590 *étranges soupçons*. Does she suspect the truth?

599 *zèle sauvage*. To both Athalie and Mathan, as later to Voltaire (see Introduction, p. 31), Joad is essentially a fanatic.

SCÈNE VI

603 *monstre naissant*. This is the expression Racine uses of Néron in the preface to *Britannicus*. This resemblance and the sinister tone of the

next line, although in the mouth of an evil counsellor, give weight to the tragic interpretation of the play, which would insist on the future falling-off of Joas. *Monstre* has here something of its original meaning: 'Prodige qui va contre l'ordre de la nature, qu'on admire et qui fait peur' (*Fur.*).

605–9 Here again Mathan, though spiritually blind, is politically clear-sighted.

610 *cet avis des cieux*. This expression, used by one who is damned by the heavens, has a powerful dramatic irony.

612–13 Maxims, but well-integrated dramatically (see also ll. 629–30).

615 *cependant*. See note to l. 391.

SCÈNE VII

This scene breaks what came near to being a rule in the seventeenth-century theatre, that children should not appear on stage (see note to preface, l. 79). The interrogation is probably partly derived from a scene in Euripides' *Ion* in which the young Ion is questioned by his mother Creusa, and makes similarly touching replies. (See Euripides, *The Bacchae and other plays* translated by Philip Vellacott, Penguin Classics, pp. 42–48.)

620–2 The movement from violent emotion to regal formality is typical of Athalie.

622–700 This long interrogation is basically a supple variation of the ancient stichomythia in which several short speeches are matched against others of equal length. See J. Scherer, *La Dramaturgie classique*, pp. 302–15 and note to ll. 205–8. Compare the following regular stichomythia from Racine's first play, *La Thébaïde*:

> POLYNICE: Tu sais qu'injustement tu remplis cette place.
> ÉTÉOCLE: L'injustice me plaît, pourvu que je t'en chasse.
> POLYNICE: Si tu n'en veux sortir, tu pourras en tomber.
> ÉTÉOCLE: Si je tombe, avec moi tu pourras succomber.

634 *un orphelin*. One of Jehovah's most important attributes in this play is protector of orphans. See the play's concluding line and l. 1408.

636 *n'eus jamais*. In the seventeenth century the past historic had a much wider use than today, when the perfect would be more normal here (*Haase*, para. 65).

640 *Ce temple est mon pays*. Joas's parents according to the flesh are replaced by his religion. When he is restored to his family and leaves the temple (the stronghold of righteousness) he will revert to earthly behaviour. See note to l. 220.

642 *des loups cruels*. These wolves, together with Jezebel's dogs, provide a harsh image for the ungodly. *Homo homini lupus*. In l. 1255 it is bears.

646 After a series of brief answers comes a lyrical development (comparable in its generality to the words of the chorus) in which biblical influence is strongly in evidence. The cruel god of the Jews recedes into the background here; to believers Jehovah is a loving father. See the child/slave contrast in the chorus (ll. 363–71).

651–4 Athalie is giving way to emotion; God is granting Joad's prayer for 'cet esprit d'imprudence et d'erreur / De la chute des rois funeste avant-coureur'. The trap is baited with the grace of a child.

655 *cet ennemi terrible.* Ironically it is honest Abner who misleads Athalie into disregarding the warning of the dream, where the deceitful Mathan had told the truth.

664 Another piece of local colour; see Racine's preface, ll. 88–91, and Deuteronomy xvii. 18–19.

665–8 This vigorous enumeration, ending with a point-blank challenge to Athalie, sums up the moral of the play as a simple declaration of faith. The words 'tôt ou tard' are important for the justification of providence. *Superbe:* see note to l. 51.

674 *l'encens ou le sel.* See Leviticus ii. 13 for a description of these rites.

676 *l'ordre pompeux de ses cérémonies.* See notes to ll. 164, 304. This and the previous line sum up the dominant atmosphere of *Athalie,* if we consider it as a religious ceremonial rather than as a dramatic work.

679 *Venez dans mon palais.* The essential conflict, so common in sermons of Racine's day, is between the worldly pleasures and *gloire* (= 'splendour') of the *palais* (the scene of Racine's non-religious tragedies) and the spiritual joys of the *temple.* The words were printed with initial capitals in Racine's time. See ll. 687–8 and 810–41.

685 *Ce sont deux puissants Dieux.* Athalie's tolerance commended itself to the eighteenth century more than the exclusiveness Joas has learnt from Joad (l. 686).

688 See note to l. 679. Throughout this scene Joas, repeating his lesson, has a certain rigidity which compares unfavourably with Athalie's flexibility.

692 Dramatic irony; see also l. 698.

695 *toutes mes richesses.* This is a simple moral scene of temptation, inviting comparison with the temptations of Christ. The spectator is conscious that this was a play for schoolchildren.

699 *Quel père...* God rather than Joad; see l. 258 and Racine's *Remarques,* p. 143.

700 The broken alexandrines, here and throughout this scene, give variety to a fairly long succession of questions and answers.

703 *infectant cette simple jeunesse.* There is some substance in Athalie's accusation; Joas is a perfectly indoctrinated child.

705 *comme.* See note to l. 84.

709–30 This is an extremely important speech. Although Racine clearly means the play to justify the ways of Jehovah, he makes it possible

here for the audience to sympathize with Athalie's emotion and
approve of her politics, lending her all the force of his passionate
eloquence. Only if one believes in Joad's god will the right seem to
be on his side. Otherwise we are witnessing the death struggle of two
rival gods and families, a tragic cycle in which crime engenders crime
(cf. Aeschylus' *Oresteian Trilogy*).

709 *ma juste fureur*. Like most Racinian orators, Athalie puts herself in
the right by her use of adjectives. Similarly note the use of highly
persuasive vocabulary throughout the speech (*massacrer, égorger,
horreur, je ne sais quels, lâche, aveugle, malheureux*, etc.).

710 *vengé mes parents sur ma postérité*. See preface, ll. 56–67.

717–18 With these marvellous appositions and the violent rhythms of this
speech we are back in the world of Racine's tragic style after the
simple stiffness of what precedes it. *Cœur:* 'Courage' (*Acad.*).
Amitié: 'Affection qu'on a pour quelqu'un' (*Fur.*).

721–2 The houses of David and Ahab are clearly opposed to one another
here as in ll. 727–30, which sum up Athalie's case; see her despairing
cry of l. 1773: 'David, David triomphe. Achab seul est détruit.'
    Neveux: 'au pluriel, se dit de tous les hommes qui viendront après
nous, de la postérité' (*Fur.*).

723 *Où serais-je aujourd'hui*. The answer is that she would not be queen;
whether she would still be alive is another question.

723–6 Athalie, after appealing to the emotions, attempts a Machiavellian
defence of her crimes. Note again the insistence on blood, streams
of blood.

731 Josabet makes no attempt to match Athalie's oratory.

732–5 These are the familiar taunts of the ungodly which *Athalie* (like
Bossuet's *Discours*) is destined to refute by its demonstration of
God's faithfulness, which is made clear here by the presence on stage
of Joas, the ancestor of the 'enfant de David', the Messiah.

736 Realizing that her eloquence is falling on deaf ears, Athalie returns
abruptly to a business-like style.

SCÈNE VIII

739 *cette superbe reine*. See note to l. 51. With this simple summing-up all
Athalie's attempts at self-justification are doomed to failure. See also
l. 747; the godly are unshakeable.

745 *Je reconnais*. 'I am grateful for'.

746 *l'heure où Joad vous attend*. In case we had forgotten, this line reminds
us of the end of Act I, scene 1, and points forward to the *dénouement*.

750 *jusques au*. A poetic form of *jusqu'au*, meaning 'even' here.

SCÈNE IX

This is the most complicated and highly developed chorus of the play.
Starting from reflexions on Joas (which are spoken) it moves on to sing

more generally of the temptations surrounding the young (the play was written for Saint-Cyr). Then lamentations on the fate of Jerusalem lead on to a conclusion making the central comparison between the godly and the ungodly. The patterns of repetition work constantly in the same way as in the chorus of Act I and the rhythms are if anything even better suited to the subject (see in particular ll. 833–41—this is official religious poetry at its best).

751–61 These lines sum up the moral of scene 7.

751 *Quel astre*. As always (see in particular *Esther*) light is connected with right.

755 *à tous ses attraits périlleux*. 'By all her dangerous lures'.

761–1 See 1 Kings xviii. Passages like this (see also ll. 764–5) combine in *Athalie* to show us history repeating itself under the guidance of providence. In fact Elijah did not actually appear before Jezebel, but defied Ahab.

762–3 *Qui nous révélera...* It is a mystery to the chorus, not the audience.

764 *l'aimable Samuel*. See 1 Samuel, ii–iii.

767 *consoler Israël*. The connexion between Joas and Christ is clearly hinted at here, but Joas, though he rises almost from the dead to comfort his people, is no Christ and will not live up to the chorus's expectations.

768 *O bienheureux mille fois...* An obvious reference to the pious education dispensed at Saint-Cyr. The world is seen here in simple black-and-white terms (see ll. 774–5). Lines 768–72 seem to be imitated from Psalm xciv. 12.

778 *Tel en un secret vallon...* This comparison, inspired by Catullus, is probably the longest in Racine's plays; in dramatic dialogue this figure was virtually ruled out by *vraisemblance*.

782–94 These lines were added in 1697, as were ll. 804–9.

788 *une vertu naissante*. Set this against the *monstre naissant* of l. 603 and we have a clear struggle between the good and evil angels (as in *Britannicus*, Act IV, scenes 3–4).

796 *Mont fameux*. Mount Sion, apostrophized here, was the site of David's palace and one of the three hills of Jerusalem, for which it stands here. See Psalm lxviii. 16: 'This is the hill which God desireth to dwell in.'

805 David's reign is constantly looked back to as a model and a golden age. The *cantiques charmants* are of course the Psalms, which are one of the most important sources for these choruses.

809 See l. 20.

810 *Combien de temps...* See Psalm xciv. 3: 'Lord how long shall the wicked, how long shall the wicked triumph?'

813 *Ils traitent d'insensé...* See ll. 687–8.

816–26 Racine now lends his music to the ungodly, writing something like an imitation of the *libertin* lyrics of the time which is good enough to win our sympathy, although Racine interposes the words 'cette troupe impie'. There are biblical sources for this stanza too, notably Wisdom ii, where similar thoughts are given to the unrighteous.

827–9 After the light rapid rhythm of the previous lines comes the ominous heaviness of this lengthy sentence; the first line in particular with its solemn symmetry overshadows what precedes it.

829 *éternelle splendeur*. Like its near-synonym *clartés immortelles* this brings back the idea of light which remains attached to God.

833 *De tous ces vains plaisirs...* With all this section we may compare Racine's *Cantiques spirituels*, particularly the second one entitled 'Sur le bonheur des justes et sur le malheur des réprouvés', e.g.:

> De quelle douleur profonde
> Seront un jour pénétrés
> Les insensés qui du monde,
> Seigneur, vivent enivrés,
> Quand par une fin soudaine
> Détrompés d'une ombre vaine
> Qui passe et ne revient plus,
> Leurs yeux du fond de l'abîme
> Près de ton trône sublime
> Verront briller tes élus!

839–41 See Psalm lxxv. 8. This is only one of many biblical references here, among others the story of Dives and Lazarus (Luke xvi. 19–31).

840 *au jour de ta fureur*. Compare the famous hymn *Dies irae*.

ACTE III

This act falls into two parts having as their respective climaxes Mathan's confession and Joad's prophecy, which is the centre of the play. Round these two slower scenes the speed of the action is increasing.

SCÈNE I

845 *Josabet*. As was the case for many similar words, the final consonant was not pronounced in the seventeenth century.

848 *tout*. 'They all'. This use of *tout* has almost disappeared from modern French (see Grevisse, *Le Bon Usage*, p. 377).

SCÈNE II

851 *des ministres saints la demeure sacrée*. Racine's secular plays are set in palaces where virtue is frequently a stranger, but the action of *Athalie* is fought on God's home ground; it is Mathan who is the intruder. See note to l. 220.

853 *ce jour solennel.* The unity of time (on the day of Pentecost and the day of deliverance) is constantly emphasized.

854 *l'idolâtre impur.* There is no doubt in Zacharie's mind; his vigorous insults are however only a pale imitation of his father's (see ll. 1019–1040).

857–9 By contrast Mathan seems a highly reasonable, civilized man with a propensity for flattery ('votre illustre mère').

SCÈNE III

860–9 Nabal, though only a *confident,* is given the beginnings of a character of his own—perhaps the only comic character in the play; see his naive remarks in ll. 867–8 and his humorous opening line.

869 We are made to realize that Athalie in her right mind would never behave in this feeble way; God is at work. *Qui* was often used in the seventeenth century with an indefinite meaning (= *qu'est-ce qui*) (*Haase*, para. 42).

871 *cette reine éclairée, intrépide.* There is genuine admiration here for what the following century would have called an enlightened despot, a figure like Catherine the Great; this master of power politics is a far remove from the 'feminine' Josabet.

873 *d'abord.* 'Dès le premier instant, au commencement' (*Acad.*).

876 This is clearly a line which is made to be detached from its context and quoted in isolation.

877 *d'amertume et de fiel.* These ideas, together with that of poison, cluster round Mathan; see ll. 46, 1016–17, 1026.

881–6 Note that Mathan is not present in Act II, scene 7.

887 See *Phèdre*, I. iii. 162: 'Comme on voit tous ses vœux l'un l'autre se détruire'. Once again the connexion is made between these two distraught victims of the Gods.

888–92 This is of course entirely invented by Mathan (he calls it a 'mensonge heureux'), but he guesses right again. Compare with this the means of persuasion used by Mathan's double, Narcisse, in *Britannicus*, IV. iv.

905–6 Mathan's spite is conveyed largely by the repetition of Joad's name, which gives the actor the chance to spit out his emotion.

907 *tu lui verras subir.* The indirect object pronoun was normal in cases like this in the seventeenth century. Modern French would demand the direct object after *voir*, but the indirect object after *faire*.

910 *sur sa naissance.* Guessing again, Mathan is by now very near to the truth; his clairvoyance creates powerful suspense for an audience sympathetic to Joad's cause (see in particular ll. 1002–18).

911 *je prévois qu'il leur sera funeste.* This prediction is wrong in the short term, but absolutely right in the long run, when Joas will kill Zacharie.

915 *Qui.* See note to l. 869.

917 *Ismaël.* See Psalm lxxxiii. 6. Racine notes in his *Remarques*: 'Les Ismaélites étaient idolâtres et fort attachés à leurs faux dieux.' The innocent Nabal is almost a caricature of the typical *confident*, plying Mathan with the simple-minded questions needed to provoke the following speech.

919–63 This speech has often been criticized, for instance by the Academy in its *Sentiments sur Athalie*. From a strictly dramatic point of view such a lengthy self-portrait is hardly convincing; Mathan is too much the stage villain and gives too much away. But if the play is seen more as a parable, this sermon-like description of the renegade fits in perfectly. Orcibal, in *La Genèse d'Esther et d'Athalie*, sees in Mathan a portrait of the Englishman Burnet: 'Racine s'est... laissé entraîner par la passion et a introduit dans la tragédie un morceau de satire.' (See Introduction, p. 22.)

925–6 The choice between God and the world is put before us here in marvellously simple terms. Yet service of God and domination over men go hand in hand for Joad.

927 *Qu'est-il besoin...* A standard trick of rhetoric, for Mathan goes on to give us the essence of the quarrel.

929 *l'encensoir.* The high-priest's golden censer, a symbol of his office.

931–44 Here we have (by implication) the clearest denunciation in the play of flattering courtiers; see note to ll. 549–55.

936 *Je leur semai de fleurs le bord des précipices.* The language here becomes highly metaphorical (see also *mesure, poids, rudesse, mollesse, dérobant à leurs yeux, couleurs*). These metaphors are an integral part of the activity being described; Mathan operates attractively.

941 *charmais.* The verb means 'faire quelque effet merveilleux par la puissance des charmes [= 'spells'] ou du démon' (*Fur.*). Mathan appears here and in the following line as a magician or conjuror.

943 *couleurs.* See note to l. 51.

944 Compare that other stage villain Narcisse: 'Et pour nous rendre heureux, perdons les misérables' (*Britannicus*, II. viii. 760). *Misérable* means 'wretched, poor, oppressed'.

948–9 The levites are here seen as dogs, a reversal of the normal metaphor of *Athalie.*

950 *timides Hébreux.* The cowardice of the people is constantly under-lined (see Act I, scene 1); they are willing to follow any strong leader. This may refer to the English people, who had accepted William of Orange. See Introduction, pp. 20–22.

954 *la tiare.* See note to l. 28.

955–62 This is the drama of the apostate, akin to what is felt by Athalie. Neither of them can be indifferent; challenged by God, they must do battle against him. Mathan's words bear out what Abner says of him at the beginning of the play (ll. 41–42).

SCÈNE IV

963 On Josabet's entrance Mathan immediately switches to the style of an ambassador with flowing sentences and a suitably devious preamble to his actual message.

973 This maxim, admirable in itself, is used cynically and ironically by Mathan, who has not the least hope of deceiving Josabet and merely wants to mock her. We know quite well that his version of what has happened is the exact opposite of the truth.

978 The sting is delayed until the very end of the speech; l. 977 in particular catches in a masterly way the leering hypocrisy of Mathan.

979 *J'en ai pour elle quelque honte.* Like a traditional orator, Mathan begins by placating his interlocutor, but immediately moves to a violent threatening tone in l. 981.

985–6 These are persuasive questions, like those of ll. 991–3, but in fact we know that Mathan does not want to convince Josabet. *Douter* = 'hesitate'.

987 *Admirer:* 'Regarder avec étonnement quelque chose de surprenant' (*Fur.*). *Dépouiller.* See note to l. 24—another disguise metaphor for Mathan.

994–8 Mathan's voice becomes insinuating as he works his way towards the revelation of the truth. (The word *bruit* occurs four times in this scene.)

996 *un libérateur.* The prefiguration of Christ in Joas's fate is made clear here.

1001 *Mathan.* This use of the third person (see also ll. 987 and 1004) is a sign of hostility.

1002–12 Mathan remains calmly reasonable. Although, as Josabet says, he is hardly in a position to demand the truth, he does suggest effectively that disguise and deceit are not confined to the camp of the wicked.

1011 *prêt de.* See note to l. 58.

1012 This trap reminds one of the various temptations of the Pharisees.

1013–18 Josabet's only answer is the eloquence of repetition, long sentences and vigorous attacking metaphors.

1016 *chaire empestée.* In Latin Psalm i. 1 contains the words 'cathedra pestilentiæ'—the seat of the scornful.

SCÈNE V

1019–26 On Joad's violent entry there is an immediate change of rhythm; his series of rhetorical questions has a vehemence which contrasts vigorously with the smooth eloquence of Mathan.

1022–3 This is the fairy-tale punishment of the wicked, seen for example in the Don Juan legend.

1026 *infecter l'air.* Compare ll. 1016–18.

1027 *On reconnaît Joad...* It is hard to tell whether the spectator is meant to smile with Mathan at this point; probably not, as his discomfiture follows shortly after.

1031–2 Yet another similarity with *Britannicus*, where we read:

NARCISSE: Qu'ils mettent ce malheur au rang des plus sinistres;
            Mais vous...
AGRIPPINE: Poursuis, Néron, avec de tels ministres...

1034–40 This is the rhetoric of insult deployed to the full. Compare Thésée's imprecations against Hippolyte in *Phèdre*, IV. ii.

1037 *Abiron et Dathan, Doëg, Achitophel.* In general in *Athalie* Racine tones down the exotic colour of the Old Testament; this barbarous-sounding list of somewhat arbitrarily-chosen proper names is an exception, reminding one of the verse of Marlowe. For Abiram and Dathan see Numbers xvi; for Doeg, 1 Samuel xxii. 18; for Ahitophel, 2 Samuel xvii. 23.

1041–2 Together with the stage direction, Mathan's relative incoherence represents the limit in the realistic depiction of emotion in seventeenth-century tragedy (see a similar example in *Bérénice*, II. iv). Only the revolutionary Claude Fleury (in his *Dialogues sur l'éloquence judiciaire*) asked for something like the inarticulate cries of Sophocles' *Philoctetes*.

SCÈNE VI

1044 *L'orage se déclare.* A common image in tragedy of the time, the tragedy of crisis or storm. See also l. 1052: 'le péril presse'. Dramatic excitement is kept at a maximum, in spite of the tendency of the play towards oratorio.

1051–76 In a moment of crisis Josabet reveals powerful oratorical gifts, seeking to persuade Joad by appeals to the emotions and by historical precedent.

1061 *Cédron.* The brook Kedron stands to the East of Jerusalem.

1064 *un fils rebelle.* The reference here is to Absalom; see 2 Samuel xv. Once again the past—and the story of David in particular—exerts an influence on the present.

1066 *Jéhu.* On Jehu see Racine's preface and note to ll. 478–80. His name is repeated nine times in twenty-five lines, suggesting that a certain importance should be attached to him. It is odd that Josabet should suggest depositing Joas with him (Racine's invention), since Jehu had murdered Josabet's brother Ahaziah, 'l'impie Ochosias'.

1073–6 These lines, and in particular l. 1076 with its somewhat anachronistic implications, give weight to the interpretation of the play as political allegory addressed to Louis XIV in favour of the Old Pretender; it is the sort of argument used in political polemics of the time. See Introduction, pp. 20–22, and Orcibal, *Genèse d'Esther et d'Athalie*, p. 57.

1079–80 These disguised maxims are important for the play. Joad has an absolute trust in God and is unwilling to follow Josabet's 'timides conseils' but this does not at all mean that he is inactive; his plan is a fine example of 'prévoyance', so much so that it is hard to distinguish between the work of men and the work of God. Faith and works are never separated in *Athalie*. See also ll. 1093–7.

1082 Historical precedent again: according to the Bible God had used Jehu to have his vengeance on the house of Ahab (2 Kings ix. 4–7).

1086 There are good political reasons for this; they are explained by Athalie herself in ll. 480–2. Note that here Joad is defending foreign intervention into the affairs of Judah.

1087–8 For Jehu's idolatry see 2 Kings x. 29–31.

1089 *les hauts lieux*. These are the high places, places of sacrifice which were unpleasing to Jehovah. See Racine's preface and 2 Kings xvii. 9–11.

1090 *un téméraire encens*. This is what was known as an *alliance de mots*, the elegant juxtaposition of a noun and an adjective which do not normally go together.

1091–2 There is a convincing finality about the rhythm of these two lines. Joad's statements admit of no contradiction.

1096 *avancer l'heure déterminée*. Indications of time such as this not only show us that the unity of time is being observed, but also point to a constant increase of speed as the play progresses.

SCÈNE VII

1098 *le temple est-il fermé?* The closing of the temple symbolizes the decisive separation of the good and the wicked. See note to l. 220.

1102 *Tout a fui*. See note to l. 848.

1103 *Misérable troupeau*. This contemptuous view of the people, shared by Joad (ll. 1107–8), is common in seventeenth-century tragedy, where the crowd only rarely has any decisive importance. Great actions are acted out by great men. See note to l. 950.

1105 This is the second reference to the escape from Egypt (see ll. 351–9), which prefigures both the restoration of Joas and the resurrection of Christ.

1109 *qui*. See note to l. 869.

1110–12 The chorus, far from just providing moralizing interludes, takes an integral part in the action of the play.

1114 *Jahel*. Jael killed the ungodly Sisera by hammering a tent-peg into his temple; see Judges iv. 17–22. Here and at several points later in the play Racine uses a footnote to help readers who might be slow to seize an allusion. See preface, note to l. 1.

1117–18 The chorus, like Joad, insists on the combination of prayer and action, *larmes* and *bras*.

1119 *querelle*. See note to l. 215.

1120 *Des prêtres, des enfants*. To bring out the work of providence, Joad exaggerates the weakness of his troops; seen in human terms, Joad's victory appears to be due to superior cunning, not to the hand of God.

1123 See Deuteronomy xxxii. 39: 'I kill and I make alive; I wound and I heal.' There are other references to this chapter in ll. 1137–9; this gives us some idea of the way Racine used the Bible in writing *Athalie* (see Introduction, p. 42).

1129 *un saint effroi*. The prophecy is beginning. Racine found it necessary to justify his giving Joad the gift of prophecy; see his preface, ll. 140–4.

1132 A highly impressive, but ambiguous line. There is dispute as to whether Joad understands what he is saying any more than the chorus does (see Introduction, pp. 35–36). At any rate Racine in his explanatory notes—almost the only example of this in his tragedies—makes sure that the reader understands.

1135–8 The introduction of music and song into a scene of spoken dialogue (Racine calls it 'une espèce d'épisode' in his preface) is an innovation in French classical tragedy, going back to Greek patterns and perhaps showing also the influence of the highly popular opera. The effect is to pick this scene out as the culminating point of the play. Compare with ll. 1137–8, Deuteronomy xxxii. 2: 'My doctrine shall drop as the rain, my speech shall distil as the dew, as the small rain upon the tender herb, and as the showers upon the grass.'

1139 *Cieux, écoutez ma voix...* See Deuteronomy xxxii. 1: 'Give ear, O ye heavens, and I will speak; and hear, O earth, the words of my mouth.' The prophecy is full of borrowings, mainly from Deuteronomy, Jeremiah, Isaiah and the Psalms; indeed Racine, to excuse his audacity in putting a divinely inspired prophet on the stage, says in his preface: 'j'ai eu la précaution de ne mettre dans sa bouche que des expressions tirées des prophètes mêmes'.

1140 The prophecy, even though half of it is devoted to threats, is the final answer to the doubts expressed by Abner (ll. 101–3) and repeated mockingly by Athalie (ll. 732–5).

1142 This is the problem of the origin of evil which haunts many of Racine's earlier plays (e.g. *Britannicus* and *Phèdre*). For the degeneration of Joas see 2 Chronicles xxiv. 17–22.

1144 *Pleure, Jérusalem, pleure...* Note how neatly this lyrical apostrophe is echoed in l. 1166.

1145 *malheureuse*. 'Signifie aussi un méchant homme' (*Acad.*).

1154 *un jour*. This is the 1691 reading. The 1697 edition has *ce jour*, which is hardly satisfactory.

1157–8 The reactions of Joad's listeners, while quite appropriate dramatically, fit together in a formal operatic pattern.

1160 *du fond du désert...* In this second part of the prophecy, which stretches out to the infinite future, the theme of fertility arising out of sterility reappears. Just as the restoration of Joas marks a rebirth of Jerusalem, so after yet greater catastrophes the coming of Christ and his church will bring back mankind from spiritual death.

1167 *étonnés*. See note to l. 187.

1167–9 The supremacy of Church over State rings out particularly clearly in these lines; see ll. 277–82 and note.

1174 The prophecy as a whole is a good example of the *beau désordre* of seventeenth-century poetry. While it is given the vehemence suitable for a divinely inspired prophet by its changing rhythms, its questions and exclamations and its rich and (for someone who does not have Racine's notes) slightly obscure imagery, it is at the same time a beautifully organized piece of writing with its two halves balancing one another neatly even in detail.

1177 *le riche diadème*. See l. 1095. Physical objects are important in *Athalie*; this diadem, like the weapons mentioned in ll. 1181–4, is a material token of the continuity of the house of David. The weapons are mentioned in Racine's biblical source, 2 Kings xi. 10.

1185 To this rhetorical question there might be several answers.

SCÈNE VIII

The role of the chorus here is to insist on the mystery, first of Joad's preparations and then of his prophecy. The audience, although perhaps excited as to the immediate outcome, is far less mystified than the chorus.

1187 *Que de craintes...* See the last sentence of Racine's preface.

1188–90 As Racine hints in his preface, he makes the most of the day of Pentecost, drawing together here the harvest festival and the sacrifice of Athalie.

1192–4 Racine is able here to put forward a different attitude from the brutal resolution of Joad's last speech.

1195–1204 These lines, containing a vigorous attack on courts and courtiers, were only added in the 1692 edition. Orcibal in his *Genèse d'Esther et d'Athalie* suggests that they refer to the courtiers' attitude to Port-Royal as well as to the counsellors of William of Orange (p. 50, n. 235).

1216–25 Another passage of stichomythia, but this time in the form of an operatic duet where there is a rigid opposition of the two views of Joad's prophecy. This coexistence of good and evil is potentially tragic (see *Phèdre*) but in ll. 1227–36 Racine now refuses to take it in this way. Ultimately *Athalie* is a hymn, not a tragedy.

1230 *D'un cœur qui t'aime...* The repetition of this line is reminiscent of light verse-forms such as the *rondeau*. The last stanza has a lightness and simplicity which set it apart from the pomp of the regular alexandrine.

ACTE IV

Like many fourth acts this is a waiting act, a lull before the storm. Note that both it and Act V are shorter than the preceding acts, mainly because the chorus occupies less space; the resulting effect in performance is one of acceleration towards the end of the play.

SCÈNE I

1237 *D'un pas majestueux...* Note the great solemnity of rhythm in this and the following speech; we are witnessing a ritual.

1242 *le livre redoutable.* On the importance of properties in *Athalie* see note to l. 1177. Here we have also the *bandeau* (l. 1244) and the *glaive de David* (l. 1246).

1250 *appareil.* 'Apprêt, préparatif. Signifie aussi suite, équipage, accompagnement' (*Adad.*).

1251 *Tous vos doutes...* In *Athalie* Racine is constantly setting up mysteries (for the characters and to a lesser degree for the audience) and explaining them.

1254 *Du roi qui l'a porté.* David.

1260 *la fille de Jephté.* The sacrifice of Jephthah's daughter is recounted in Judges xi. 29–40; it is the theme of a play written shortly after *Athalie* by Claude Boyer and performed also by the young ladies of Saint-Cyr. In a letter dated 3 March 1689 Madame de Sévigné suggests that Racine was originally thinking of a play about Jephthah (or Absalom) to follow *Esther*. The story recalls that of *Iphigénie*.

SCÈNE II

Notice the importance in this scene (as elsewhere in the play) of stage directions, which are very sparingly used in Racine's non-religious plays.

1269 *nouvelle.* The rules about the agreement of the adjective were not as rigid in the seventeenth century as they are today.

1274 *prêt... de.* See note to l. 58.

1275–90 This scene is edifying in the same way as Act II, scene 7, with Joas dutifully repeating his lesson—the tragic irony comes from the audience's knowledge that he will not live up to these principles. Here as elsewhere Racine is acting the part of court preacher, delivering a sermon to his royal audience. The text is in Deuteronomy xvii. 17–20, as Racine's footnote tells us.

1285 *David.* The exemplary importance of David is here openly proclaimed. His failings are not mentioned in *Athalie* (see l. 1293).

1288 *L'infidèle Joram, l'impie Ochosias.* It should be remembered that Joad is here talking about Joas's father and grandfather, trying as much as possible to detach him from the inescapable influence of his evil family, before he reveals to him his identity.

1295 *une mère.* Used here, as often in the seventeenth century, to mean Joas's grandmother, Athalie.

Dieu trompant le dessein. Joad (and probably Racine) sees the hand of God in every event which might otherwise be attributed to chance.

1297 *vous choisit.* There is a strong hint here (reinforced by the use of the word *grâce* in l. 1294) of the Christian doctrine of election and particularly the Jansenist version of it. In *Athalie* the elect are few (see for instance ll. 788–94) and even they are not secure—Joas himself will lose grace.

1306 *tour à tour.* See Racine's preface: 'Ils [the Levites] furent partagés en diverses classes pour servir tour à tour dans le temple, d'un jour de sabbat à l'autre.'

SCÈNE III

1307–8 The words *roi* and *prêtre* are frequently linked in *Athalie*; see for instance ll. 1150, 1354–5, 1803. It is essential to the meaning of the play that political power is worthless unless it is sanctified by religious authority.

1309 The bewilderment expressed here is soon overcome in Joad's stately exposition of the situation (ll. 1310–22), which puts the emphasis where it belongs, on the restoration of the line of David.

1311 *triste.* The meaning here is 'wretched' or 'unfortunate'.

1313 *cette fleur.* Yet another plant image; see notes to ll. 3, 104, etc.

1316–17 A repetition of the idea of ll. 1295–7 with the providence of God again opposed to the dagger of the ungodly. This scene of carnage is frequently evoked in *Athalie* (see ll. 241–54, 723–6, 1723–5); the sack of Troy provides a similar backcloth to *Andromaque*.

1325 What is the meaning of this rather brusque line? If Joad has understood and remembers his prophecy, it is a bitterly ironical reference to Joas's future murder of Zacharie.

1326 *votre unique espérance.* See l. 1651, where Joad uses the same expression to trick Abner.

1330–1 The contrast of light and darkness here recalls Athalie's dream; one can understand why Athalie wants to thrust back into darkness the shining bright child who threatens her life.

1334 *Il faut finir...* The aims Joad puts before his troops are essentially political rather than religious; the important thing is to re-establish the legitimate line—of which God is the defender.

1336 *aux deux tribus.* The tribes of Benjamin and Judah, which together made up the kingdom of Judah.

1342 More than this, for a Christian audience the whole future of humanity seems to be involved in the preservation of the house of David.

1343–4 This repetition of *déjà* at the beginning of successive lines is a recurrent feature of the oratory of Classical tragedy.

1346 For greater vehemence Joad several times omits the conjuction *et* in this speech; see ll. 1340, 1345.

1350 *Jusque dans son palais.* This is at variance with the tactics which Joad eventually adopts and which are suggested by the arrival of Abner in Act V, scene 2.

1351 *un si lâche sommeil.* The image of the waking of a sleeper (l. 1349) forms a neat transition between the two halves of Joad's speech.

1352 *appareil.* See note to l. 1250.

1354–8 This fine tableau, in which David's weapons play a prominent part, prefigures what will actually happen in Act V. Note again the holy conjunction of king, priest and levite.

1362–8 See Exodus xxxii for the story of the sons of Levi who kill their brothers, companions and neighbours for worshipping the Golden Calf. Joad glories in bloodshed and massacre; little wonder that he was unacceptable to the Enlightenment.

1372 A fittingly resounding conclusion to a fine piece of politico-military oratory. Joad begins his speech with a statement of the situation and a declaration of his aims (ll. 1332–6); he concedes in the traditional way that he is setting his men a hard task (ll. 1337–40), but goes on immediately to show that it is quite possible (ll. 1341–50), and then by a neat transition proceeds to rouse the enthusiasm of the Levites by an appeal to their pride, first in his tableau (ll. 1351–9) and then— like so many of Racine's orators—by an allusion to their family history (ll. 1360–8).

1379 *partage.* The meaning here is 'inheritance'; see l. 368.

1384–1408 *O mon fils...* The tone of this important speech depends on whether Joad understands and remembers his prophecy. If he does, what he says here has the tragic overtones of his awareness that the newly restored king, though legitimate, is not proof against corruption and will in fact kill Joad's own son and desert Jehovah. If he does not, his words are a traditional warning to princes, to be compared with the words of the chorus (ll. 1195–1204). The themes of absolute power and flattery recur constantly in *Athalie*.

1385 *cette tendresse.* This moment of tears is the only sign we have in the play of Joad's tenderness and as such provides an important corrective to the view we might otherwise have of him.

1386 *alarmes.* See note to l. 424.

1388 *le charme empoisonneur.* Note that *charme* has a stronger meaning in the seventeenth century than in modern French, being not far removed from 'enchantment'; see l. 941.

1391 *Bientôt ils vous diront que...* There follows a series of Machiavellian maxims which are to be found in the mouths of many flattering courtiers in seventeenth-century tragedy (see note to ll. 549–55).

1394 Compare the words of the tempter Œnone in *Phèdre*:

> Et pour sauver notre honneur combattu
> Il faut immoler tout, et même la vertu. (III. iii. 907–8)

1396 Similarly Narcisse in *Britannicus*:

> Ils adorent la main qui les tient enchaînés. (IV. iv. 1442)

1398 *d'abîme en abîme*. See Mathan's 'Je leur semai de fleurs le bord des précipices' (l. 936). Mathan's autobiographical speech is the proof of what Joad says here.

1402 *ils ont des rois égaré le plus sage*. Solomon, who according to 1 Kings xi was led into idolatry by his wives and concubines (not his courtiers). This speech was among the passages which were vigorously applauded just before the Revolution, if we are to believe the possibly apocryphal *Mémoires* of Condorcet (see G. Mongrédien, *Athalie de Racine*, pp. 95–98).

SCÈNE IV

After the solemnity of the preceding scene with its lessons, promises and oaths we have by contrast a short and emotional family scene entirely without long speeches. For a brief moment personal affection pushes the big politico-religious aspects of the play into the background—see the contrast in l. 1413.

1416 Here again, depending on our interpretation of the prophecy scene, we can read either bitter irony on Joad's part or dramatic irony on the part of Racine.

1417 *sang*. See note to l. 274.

1422 *contre Dieu*. The levite, like Joad, sees the political struggle in religious terms; it is through unobtrusive touches such as this that Racine gets us to see God as the central figure of the play (so much so that it has become a critical commonplace to say so; see Introduction, pp. 26–27).

SCÈNE V

1423 *l'airain menaçant*. Here and in the following lines there is vivid physical detail which is not common in Racine. *Airain* means 'brass' or 'bronze'; here it refers to trumpets.

1424 *Déjà*. See note to ll. 1343–4.

1424–6 Before the final battle we have here a symbolic separation of the sheep from the goats.

1431–3 Josabet is more a type than a character, reacting always in the same simple 'feminine' way. In l. 1433 she is echoing the defeatism of Abner in Act I, scene 1, giving Joad another chance to proclaim his message (compare ll. 104–28).

1436–44 The example of Abraham 'le père des Juifs' serves like all the other historical allusions to set the action of *Athalie* in a wider context of the working out of God's providential purposes. At the same time in dramatic terms it provides Joad with an excellent precedent to justify his trust in God. The fact that the place of Isaac's sacrifice (which is described in Genesis xxii) was traditionally considered to be the site of the temple where *Athalie* is set seemed important enough to Racine to mention it in his preface—again the insistence on continuity.

1444 The road of God's providence goes through a series of narrow passages, when everything hangs on one person, who is as good as dead and is brought back to life: Isaac, Joas, Christ.

1445 An abrupt change of style: after theology, practical leadership. Joad's military tactics occupy a large place in Racine's biblical source for *Athalie* (2 Kings xi).

1447 *le côté de l'Ourse.* The North.

1454 *de vils troupeaux.* By implication Athalie's forces are again compared to wolves here; see also l. 642.

SCÈNE VI

The previous choruses in general develop in a straight line, but here in the last chorus we have an alternating dialogue between the two attributes of God which coexist in *Athalie*, forgiveness and vengeance. See note to l. 346.

1464 *querelle.* See note to l. 215.

1467 *C'est votre roi, c'est Dieu...* Here again Church and State are indissolubly linked.

1469. *Grand Dieu.* There is almost a litany of the different biblical names for Jehovah in this scene: 'le Dieu jaloux', 'le Dieu des vengeances', 'Dieu de Jacob' and 'le Dieu qui pardonne', all of them repeated.

1473 *l'horreur.* This is akin to the *horreur*, the darkness, of Athalie's nightmare (l. 490).

1477–85 It is the chorus above all which identifies the cause of Joad with the cause of God. This insistence on the war against God echoes the preoccupations of Racine's times and even more so those of the eighteenth century and Voltaire's war against the Christian Church, *l'infâme.*

1485 *son Christ. Christ* means the anointed one; here it presumably means the king (and in particular Joas who is about to be anointed king) but it is clearly meant also to evoke the figure of Jesus Christ.

1490–7 Several of the main images of the play are brought together here with the words *reste, fleur, tige, couteau, nuit* and *ranimé ta cendre.*

1494 *aimable.* 'Qui est digne d'être aimé' (*Acad.*). The word is also applied to Joas in ll. 1309 and 1399.

1497 See ll. 139–40 and note.

1498–9 *D'un père et d'un aïeul...* The chorus prays for release from the prison of original sin. The prayer will not be granted for Joas in the long run. See ll. 267–8.

1503–9 The chorus's songs are interrupted by noises off; the beginnings and ends of the choruses in *Athalie* are arranged in such a manner that they are never isolated from the action of the play.

ACTE V

SCÈNE I

Compare this scene with the beginning of Act II. Zacharie's main function in the play is that of messenger, but he is a good deal more personalized than the typical messenger of classical tragedy; more than this, his presence is a reminder of Joas's future downfall.

1510 This line rhymes with l. 1507 in the previous act, thus giving force to Racine's insistence on the 'continuité d'action' (preface, l. 133) and the integration of the chorus.

1512 In lines like this Racine intensifies the audience's feeling of crisis; this suspense is a recurrent feature of his tragedy. *Peut-être nous touchons:* inversion would be necessary in modern literary French, but was not obligatory in the seventeenth century (*Haase*, para. 153).

1517 *racheté.* The use of this word (meaning 'redeemed') makes very clear the parallel between Joas's restoration and Christ's resurrection; 'la marque du couteau' in the next line recalls the wounds in Christ's side.

1519 *sa fidèle nourrice.* This nurse, who is part of the final spectacle, is mentioned in the Bible (2 Kings xi. 2).

1521 *ce cher dépôt.* This is the treasure motif which is to be so important in this act; see ll. 1583–92, 1649–50, 1727.

1531–4 Note that Joad has not yet thought of his stratagem for getting Athalie into the temple; his plan still involves his troops leaving the shelter of the temple; see ll. 1347–58. It is only in the next scene that he hits on his final plan.

1537 *un poignard à la main.* See note to ll. 224–5.

1539 *les fatales machines.* Instruments of war such as battering-rams.

1540 *respire.* The verb means 'souhaiter ardemment' (*Acad.*).

1541–3 This is more or less a repetition of Josabet's suggestion (ll. 1051–1076), since to hide the ark of the covenant is equivalent to hiding Joas, the instrument of God's promises. It gives Joad another opportunity of stating his unswerving faith in God's word.

1545 A reference to the destruction of Jericho; see Joshua vi.

1546 See Joshua iii. *Forcer* could govern either *à* or *de* in the seventeenth century (*Haase*, para. 112).

1547 *triomphante*. See note to l. 124.

1549–62 This picture shows Josabet in her constant attitude, her love divided between God and Joas.

1558 *Qui*. See note to l. 869.

1561 *Dieu nous envoie Abner*. This unexpected and dramatically effective turn in the action is of course attributed to God.

SCÈNE II

1561–6 In his surprise (which is conventionally expressed in the series of three questions) Joad remains dignified; see his periphrasis (the recurring periphrasis) of l. 1564 and the noble symmetry of l. 1566.

1569 *Dans l'horreur d'un cachot*. 'In a dark dungeon'; compare 'l'horreur d'une profonde nuit' (l. 490). Hubert suggests that Abner's imprisonment 'fait sans doute allusion à la condition de l'homme avant la venue du Christ' (*Essai d'exégèse*, p. 243).

1575 *Quel miracle*. See ll. 104–28. Joad sees miracles everywhere; the word is used deliberately to mean an act of God.

1576 Athalie is constantly acting out of character in the play, failing to conform to the type of the ruthless tyrant. Abner does not actually say (as Joad would) that God is the cause of this, but he suggests that there is something supernatural about it—even though he goes on to suggest one possible human cause, avarice.

1584–5 It is Mathan who has given Athalie this idea (see ll. 49–50), which is to play an essential part in the *dénouement* of the play. Mounet-Sully, the great nineteenth-century actor who played Joad, noted in his actor's copy opposite these lines: 'Ce mot est une illumination et comme un ordre de Dieu pour Joad; il lui donne l'idée du piège où elle se précipite elle-même. A partir de ce moment, il sait la victoire proche' (quoted in Mongrédien, *Athalie de Racine*, p. 150).

1588 *doit*. Usage was flexible in the seventeenth century; *croire que* could take the subjunctive, whereas the interrogative form could be followed (as here) by the indicative (*Haase*, para. 80).

1591 *avare*. 'Qui est avide de' (*Rich.*); i.e. greedy rather than miserly.

1593 *d'impurs assassins*. On the concern for purity (shown also in l. 1596) see ll. 747–50.

1594 *les chérubins*. The temple contained statues of these hybrid winged creatures of the order of angels, traditionally associated with Jehovah. (See 1 Kings vi. 23–28.)

1597–1600 Although Joad has now hit on his plan (see note to ll. 1584–5), he cannot immediately accept Abner's suggestion as to do so would be too obviously out of character; he must therefore provoke Abner with this *cas de conscience* (of general interest) into a display of persuasive rhetoric to which he can reasonably yield. Racine may also be conveying Joad's hesitation in making use of a stratagem which he knows to be essential, but not entirely pure.

1601–46 This speech of Abner's is another set piece of persuasive rhetoric, using historical precedent and appealing to the emotions in the traditional way. Note however that it never has any chance of persuading Joad; the audience, knowing this because it knows who Éliacin really is, can to a certain extent admire Abner's eloquence in a detached way.

1604 The idea of human sacrifice to appease an angry god is strongly present in *Athalie* in spite of Joad's rejection of sacrifice in l. 88; Athalie's death may be essentially a punishment for her sins and therefore different from the sacrifice of Iphigenia or Jephthah's daughter, but Jehovah nevertheless needs to be appeased with the shedding of blood.

1609 *Moïse*. The story of Moses' childhood is told in Exodus ii. It had been retold by one of the most successful epic poems of the seventeenth century, Saint-Amant's *Moïse sauvé*.

1611 *Dieu, le conservant contre toute espérance*. This, although Abner does not know it, applies perfectly to Joas; the stress is constantly on the *miracles* worked by God's providence.

1616 This is one of the longest and most sonorous of the many splendid periphrases which set Athalie before us as a monumental figure. See note to l. 259. Line 75 is almost identical.

1618 *je l'ai vu s'émouvoir*. The Academy in its *Sentiments sur Athalie* (1730) points out that Racine should have written *vue*. But in the seventeenth century the rule was less strict and could give way, as here, to the demands of prosody. See note to l. 907.

1625–6 Rather less intelligently than Mathan (e.g. in ll. 997–1000) Abner blunders towards the truth. There is often something comic about him, as there would be here if the moment were not so critical.

1628 *Il n'est pas temps*. Joad is totally in command here. He can let Abner talk on, but he must not reveal the truth, since honest Abner must remain an unconscious instrument of his plan.

1629 *Le temps est cher*. The comparison of this line (see also l. 1638) with the previous one points out the contrast between the hurry of human time (the approach of the dramatic crisis) and the leisurely unfolding of God's purposes (see J. D. Hubert, 'The Timeless Temple in *Athalie*', *French Studies*, 1956). This reflects the tension in the play between political drama and sacred ritual.

1634 *Au nom du lieu si saint*. The Holy of Holies; see Racine's preface, ll. 28–30.

1641–2 See note to ll. 1601–46.

1644–6 Abner has made his choice now, though he will make it again more dramatically in l. 1740, when he knows of Joas's survival.

1647 *Je me rends*. Joad's dishonesty here (an invention of Racine's) has given rise to numerous criticisms, particularly in the eighteenth century (see Introduction, pp. 30–31). Racine foresaw such criticism and collected in his *Remarques sur Athalie* examples of similar tricks employed in a good cause, in particular a similar pun on the word 'treasure' by Saint Laurence. See above, pp. 142–4. The same sort of device is used in certain Greek plays, notably Sophocles' *Electra* (see W. McC. Stewart, 'Le Tragique et le sacré chez Racine' in *Le Théâtre tragique*, ed. J. Jacquot, p. 281).

1649 *un trésor*. The play on words has been well prepared for (see note to l. 50).

1651 See l. 1326.

1653 *votre reine*. Note that for Joad Athalie is no longer queen.

1657 Grandiloquent lines such as this one with its inversion and accumulation of nouns and adjectives are common in *Athalie* and contribute considerably to the dignity of the verse; see also for instance ll. 37–38, 75, 111, 116–20, 167.

    indiscrète. 'Qui agit par passion, sans considérer ce qu'il dit ou ce qu'il fait' (*Fur.*).

1659 *Des prêtres, des enfants*. See l. 1120. Previously Joad had understated the strength of his troops to emphasize the power of God, now he does it to deceive Athalie. *Ombre*: 'On dit d'un homme qui se défie de tout, que tout lui fait ombre' (*Acad.*).

1663 *Je vous veux...* See note to l. 166.

SCÈNE III

1668 *On t'amène ta proie*. See note to l. 1604. Joad's god here is very much the barbarous god to whom human sacrifice is made; we are reminded of 'Vénus toute entière à sa proie attachée' (*Phèdre*, l. 306).

1673–88 Although Joad has just completely changed his plan of campaign he remains calm, efficient and unruffled. His business-like instructions end with a grandiose line (l. 1688) which sums up the whole action of the play seen from a religious angle.

SCÈNE IV

1693 With Joad's complete confidence any anxiety the spectator might have had concerning the outcome is removed and he can watch the inexorable unrolling of Athalie's fate as one might watch a bullfight.

1698 *L'ange exterminateur*. This is a biblical expression; the exact phrase appears in Lemaistre de Sacy's Bible in 2 Samuel xxiv. 16. Thierry Maulnier chose these words as the title of the chapter on *Athalie* in his *Racine*.

SCÈNE V

In this scene, the first time she has appeared since Act II, Athalie is at last seen face to face with her enemy Joad. The scene is particularly notable for the spectacular stage directions and tableau effects, which are unparalleled in Racine's earlier plays. The visual grandeur of this *dénouement* shows Racine moving in a new direction far removed from the simplicity of *Bérénice*. It is thought that this may be due in part to the influence of that highly popular genre, opera (see Introduction, p. 37). It is ironical that the play was first performed at Saint-Cyr with almost no visual effects.

1705–8 Athalie's powerful entrance is given added force by breaking the alexandrine. Her insulting description of Joad repeats the traditional objections (which were made again and again in the eighteenth century) to a meddling clergy. The word *ligues* could hardly fail to evoke to the original audience the rebellious ultra-Catholic Ligue of the late sixteenth century. The same sort of objections were also made against the Jansenist movement.

1709 *En l'appui de ton Dieu...* This is indeed the mainspring of Joad's conduct, which is about to be vindicated; but Athalie is blind to the last (see ll. 1669–72).

1713 As her calm reason checks her emotion we recognize in Athalie the 'reine éclairée' of l. 871.

1717 *montrer l'un et l'autre à la fois.* Dramatically speaking this is the culminating point of the play, although from a religious point of view the prophecy may be more important. Although Joad may have hesitated before adopting his plan there is evident relish in his use of the word-play here (see also l. 1727). Note that the tableau described in the stage direction was illustrated in the frontispiece to the 1691 edition of Athalie (reproduced above, p. 48).

1718–22 While Joad naturally insists on Joas's legitimate place in the lineage of David—the 'plus saint des monarques'—he nevertheless in l. 1721 mentions his connexion with the impious Athalie and Ochosias, thus preparing the way for Athalie's final curse (ll. 1780–90).

1725 *Dieu l'a conservé.* Here as in ll. 1734–5 Joad insists that God (and not simply his servants) has been at work in all the preceding action; Athalie accepts his interpretation (ll. 1768–79).

1729 *un fantôme odieux.* For Athalie Joas is still the sinister image of the boy in her dream.

1730 On the stage direction here see note at beginning of this scene.

1731 *O trahison!* 'Athaliah rent her clothes, and cried, Treason, Treason' (2 Kings xi. 14). Here and in ll. 1723 and 1728 Athalie draws our attention to Joad's deception.

1738 *Lâche Abner.* Abner could never have done it knowingly; see note to l. 1628.

1740 When the choice is inevitable Abner, who has previously managed to move between the palace and the temple (ll. 457–8), comes down firmly on Joad's side as he had done even before the revelation of Joas (see ll. 1644–6).

1745 As in ll. 1729–30 Athalie's defiance is immediately answered, this
      time by the *récit* which traditionally ends Classical tragedy. The word
      temple, which has been so important throughout the play, makes a
      triumphant reappearance here.

1746 *L'étranger... le Juif.* See note to l. 474.

1747 *dissipe la fumée.* See Psalm lxviii. 2: 'As smoke is driven away, so
      drive them away'—this is one of the few comparisons to be found
      in the dialogue of Racine's tragedies (see note to l. 778).

1749 *du haut de nos sacrés parvis.* This expression appears in Racine's
      Remarques along with a New Testament parallel; this suggests that
      the *Remarques* may have been written *after* the play, in preparation
      for the preface.

1751 *son enfance au glaive dérobée.* Notice here and in the next line the same
      pompous latinate construction of noun and participle which we see
      for instance in ll. 104–28, 1688 and 1765. It creates an air of solemn
      finality.

1753 *la trompette a sonné.* The trumpet too comes from Racine's biblical
      source, 2 Kings xi. 14. Could it be a trumpet which is referred to in
      l. 1748?

1756 On Gideon and the Midianites see Judges vii. 15–23.

1760 The people too see the hand of God in what has happened (see note
      to l. 1725); Racine makes it hard for his audience to resist the same
      conclusion.

1765 See note to l. 1751.

1768 *Mathan est égorgé.* See 2 Kings xi. 18. This is in fact all that the
      Bible says about Mathan. Note the powerful accumulation of short
      sentences here, each of them a nail in Athalie's coffin.

1768–73 This is the conclusion—for the time being—of the great meta-
      phorical battle between Jehovah and his enemies which has been
      stressed throughout the play (see for instance ll. 1477–85). This is
      one side of the affair; the other is brought out in ll. 1771–3, the
      struggle between two dynasties. Joas may be on Jehovah's side, but
      the fact that he is of the lineage of David (and Ochosias) is ambiguous
      to say the least and leads directly to Athalie's curse (ll. 1780–90).

1774–9 These words sum up the motives of Athalie's actions throughout
      the play, actions which had frequently mystified her subjects (see
      ll. 861–70, 1576). These motives are quite credible from a purely
      human point of view, but Athalie too (she like Mathan is haunted by
      a god she denies) prefers to attribute them to divine vengeance.

1780–90 Athalie's final curse—which will be answered—is strikingly
      similar in tone to Agrippine's speech to Néron in Act V, scene 6, of
      Britannicus. Similarly at the beginning of the play Agrippine had
      insisted on the sinister double heredity of Néron (I. i. 35–38); it is on

this that Athalie bases her predictions here, pointing to Joas's similarity both to herself (note the reappearance of the dagger image in l. 1782) and to his father and grandfather. Her 'de David l'héritier détestable' echoes the many expressions such as 'de Jézabel la fille meurtrière' (l. 1329), suggesting that there is not much to choose between the two families.

1791–2 See 2 Kings xi. 15: 'The priest had said, Let her not be slain in the house of the Lord'. See ll. 747–50.

1793 *meurtris*. *Meurtrir:* 'Tuer. Il n'est plus guère en usage en ce sens, et on ne s'en sert ordinairement que pour signifier: Faire une contusion' (*Acad.*).

1793–4 See l. 89. Blood calls for blood in what could be a never-ending chain, since Athalie had put forward exactly the same arguments (ll. 709–30); but for Racine providence enables the tragic cycle to be transcended.

SCÈNE VII

In this short scene we see the confrontation of the two points of view, the tragic, humbly expressed by Joas, and the providential, expressed by Joad, who rather than answer Joas, insists once again on the covenant between God and his chosen people (l. 1804), a covenant which will prevail over all the 'égarements', even Joas's future crime.

1808 This line is placed in the following scene in the 1691 edition.

SCÈNE VIII

The final scene is rather weak with its satisfaction over revenge and its simple moral lessons (of which it might however be said that they point by implication to Joas's tragic future). Joad's last speech reminds one that *Athalie* was written for a school performance; one would not expect him to do other than rejoice at Athalie's death of course, but by seeing it simply as a moral example he fails to do justice to the grandiose theme of providence in history which has been so important throughout the play. One regrets that *Athalie* does not finish with a triumphal chorus like the one at the end of *Esther*.

1810–12 Here, as in ll. 1760–8, Joad's conspiracy is given an additional justification by popular support, though Joad's view of the people (ll. 1107–8) casts some doubt on this. Athalie's own words (ll. 471–484) suggest that she was not such a detestable monarch.

NOTE ON APPENDIX A

It will be seen that the biblical story is of most use to Racine for his last two acts. For the main body of his play the Bible gives him no more than a bare framework, which he fills in as he had built on Suetonius' outline for *Bérénice*, adding new turns to the story, inventing personalities for characters who are hardly more than names in the Bible (Mathan, Josabet) and creating one or two entirely new characters.

The version of the story given in 2 Kings xi is substantially the same and perhaps better told, but it differs in not attributing such a specifically religious purpose to Joad's revolt. Where in Chronicles the rising is presented as the outcome of a nation-wide conspiracy of Levites in which no outsiders are involved, in Kings it is seen rather as the work of a palace revolution operated by Joad with the aid of foreign soldiers. Racine is probably closer to Chronicles, which is more inclined than Kings to see historical events from a priestly angle, discerning God's hand in everything. Modern commentators find the account in Kings more reliable.

APPENDIX B

4 *aux Paralipomènes.* 2 Chronicles xxiii. 1 in the Septuagint version; see Racine's preface, l. 74–75.

6 *Sanguis attigit sanguinem.* 'Blood mingled with blood'—this is one of tragic aspects of *Athalie.*

7 *Lichf.* The theologian John Lightfoot (1602–75); the second book of his collected works was published in Rotterdam in 1686.

8 *Gladius...* 'Your sword will devour your prophets.'

18 *Monsieur de Meaux.* See above, note to preface, ll. 113–14.

23 *M. d'And.* The Jansenist Arnauld d'Andilly, who had translated Josephus.

25 *Joram...* 'Joram killed all his brothers by the sword . . .' For the rest of the quotation see note to preface, ll. 116–18.

31 *Le P.R.* The Bible translated with comments by Lemaistre de Sacy of Port-Royal.

33 *Solvite templum hoc.* 'Destroy this temple' (see John ii. 19). Many of Racine's notes are concerned with Joad's deception.

37 *In Cedar...* 'Send unto Kedar and consider . . . hath a nation changed their gods, which are yet no gods?'

39 *Octo annorum...* 'Josiah was eight years old when he began to reign, and he reigned in Jerusalem one and thirty years . . . And he did that which was right in the sight of the Lord and walked in the ways of David his father' (2 Chronicles xxxiv. 1–2).

43 *Octo annorum erat Joachin...* 'Jehoiachin was eight years old when he began to reign, and he reigned three months and ten days in

Jerusalem: and he did that which was evil in the sight of the Lord' (2 Chronicles xxxvi. 9).

46 IN DOMO HAC... 'In this house, and in Jerusalem . . . will I put my name for ever.'

50 *Ad iracundiam*... '. . . which they have done to provoke me to anger, they, their kings, . . . and their priests . . . they built the high places of Baal'.

53 *Et in prophetis*... 'I have seen also in the prophets of Jerusalem an horrible thing: they commit adultery . . .' The Latin and English versions differ here.

55 *Qui volunt*... 'Which think to cause my people to forget my name . . . as their fathers have forgotten my name for Baal.' (Also from Jeremiah xxiii.)

57 *Ejicient*... 'They shall bring out the bones of the kings of Judah . . . and the bones of the priests and the bones of the prophets . . . And they shall spread them before the sun, and the moon, and all the host of heaven . . . whom they have worshipped.'

66 *Du haut de nos sacrés parvis.* This is line 1749 of *Athalie*; in his edition Truc suggests plausibly that this may indicate that the *Remarques* were written after the play in preparation for the preface, with which many of them are connected.

71 *A quo*... 'When they asked him for the treasures of the Church, he promised to show them. The following day he brought some poor people to them. On being asked where the treasures were that he had promised, he pointed to the poor and said "These are the treasures of the Church". For his singularly quick reply Laurence received the crown of martyrdom.'

82 *Dimitte*... 'Let my people go, that they may serve me in the wilderness' (Exodus vii. 16).

83 *Ego dimittam*... 'I will let you go, that ye may sacrifice to the Lord your God in the wilderness; only ye shall not go very far away'.

85 *Synops*. The *Synopsis Criticorum* of Matthew Poole.

87 *Abominationes*... 'We shall sacrifice the abomination of the Egyptians to the Lord our God'.